いきと風流

日本人の生き方と生活の美学

尼ヶ崎彬

大修館書店

目次

凡例

一、本書に引用する古文は、詩歌等言葉の形が重要であるものは原文のまま引用する。それ以外の古文は、特に断りのない限り現代語に訳して引用する。

二、原文の引用にあたっては、読みやすくするために文字表記を改めたり、ルビを振ったり、脱字を補ったりすることがある。また歌舞伎台本のように耳で聞くための文は現代仮名遣いとする。

序……生活の美学——生き方のスタイル、生活のデザイン

世の中には自分の生活スタイルにこだわりを持っている人がいる。わざわざ放浪生活をしたり、端の欠けた食器でご飯をたべたり。うっかり友人が「安いアパートを紹介しようか」とか「新しい食器をあげようか」などと言えば、「これが俺の美学だ」「この風流な味がわからんのか」と怒られる。「いやあ、そうだよね」とか言って引っ込むしかない。どうやら「美学」や「風流」といった言葉はそのような、あえて便利だの快適だのを無視した生活のスタイルを指すことになっている。「〜の美学」という言葉をネットで検索すると、「男の美学」、「敗者の美学」、「無駄の美学」などが出てくる。私もいちおう美学研究者のはしくれなので断言するけれども、美学の学会でこういう言葉が使われることは絶対にない。専門用語の「美学」は哲学の一分野であって、自然美とか芸術とかを対象に考察を行うものである。専門家からすると、世間は「美学」を誤解している、ということになる。

たしかに美学という学問はひどくマイナーなので、世間に正しく理解されていないのは仕方がない。けれどもその言葉の使い方に一定の傾向があるのをみると、どうやら世間は「美学」を誤解したのではない。初めから理解する気などなく、勝手に独自の意味を与えてしまったようだ。それは身の処し方において、物の作り方において、経済性や合理性ではなく「美しさ」を基準とするという態度のことである。つまり「生き方のスタイル」とか「生活の中のデザイン」という言葉が、身近なものを指すために「美学」という言葉が採用されたのだ。それはたぶん「美学」という言葉が、日本語の体系の中で欠落していたあるピースを埋めるのにちょうどよかったからだろう。「美学」は便利な、いや必要な言葉だったから広まったのである。

では世間はなぜそのような「美学」という用語を必要としていたのだろうか。私たちがじっさいの生活の中で、経済性でも合理性でもない基準で判断を下すことがよくあるからだ。しかもそこには何らかの一貫した原理が働いているように見えるからだ。たとえば私たちは「きれい」という言葉を、人の容姿について（「きれいな人」）だけでなく、人の振る舞い方についても（「きれいなやり方」）、物品の外見についても（「きれいな形」）、さらには空間の清潔さについても（「きれいな部屋」）用いる。また反対語である「きたない」も、人の行為や人格（「きたないやり方」「きたない奴」）、正しくないと思われる外見（「仕上げがきたない」）、不潔さ（「皿がきたない」「部屋がきたない」）などに用いられる。学者からすればこれらは違うジャンルの問題である。形態の美醜の判断は美学の領域だが、行為の善悪の判断は倫理学だし、清潔か不潔かは衛生学、そして清潔感がもたらす気持ちよさは心理学の快不快の問題である。けれども一般の人々がこれらに対して同じ言葉を使って不自然に感じないとすれば、それにはたぶん理由があるのだ。さらに興味深いのは英語の fair と ugly もやはり視覚的美醜と道徳的正不正の両方を表すことである。どうやら私たちが無意識に働かせているこのものさしの汎用性には、国境を越えた必然性があるようだ。しかも「きれい」という判断は、頭でいろいろ考えた上の結論というより、生理的反応のようにほとんど反射的に生じるものである。おそらく私たちが「きれい」とか「きたない」と言うときには、対象が人の行為であれ事物であれ、味の好き嫌いに似た身体反応が私たちの内部に起こっているのだろう。さらに私たちは「きれい」「きたない」の他にも似たような基準をいくつか持っていて、日常生活で使っている。近年の「かっこいい」とか「かわいい」というのもそうだ。これらの基準を世間の人は「美学」と呼んでしまったのではないだろうか。

私たちは、生きていくための判断基準として道徳（善悪）や合理性（真偽・正誤）を必要としてきた。そしてもう一つ同じように必要としてきたものがある。それは近代以降の日本でしばしば「美学」と呼ばれてきたものだ。もし歴史的に用いられてきた学術用語としての「美学」に代えて、世間の実際の用法に合わせてもう一つの「美学」を考えるとしたら、それはどのようなものになるだろうか。それは「生き方のスタイル」や「生活の中のデザイン」について、私たちがなぜ美的判断を必要としたのか、またどのように美的判断を行ってきたかについての研究となるだろう。その内実は時代により、地域により異なるとしても、たぶん日本だけの現象ではない。一九世紀の英仏で「ダンディズム」と呼ばれたもの、中国や日本で「風流」と呼ばれたもの、そして今日世界の若者たちが「クール」と呼んでいるものも、そのような意味で「美学」の一形態であるだろう。

ではこのもう一つの「美学」は何を研究すればよいのだろうか。思いつくままに問題の事例をあげてみよう。

私たちは来客があるとわかるとなぜ部屋を片づけるのだろうか。さらに花まで飾ったりするのは何のためだろうか。

料理をおいしく作ろうとするだけでなく、なぜ高価な食器を買ったり、食べられない葉っぱを盛りつけたりするのか。

贈り物をするとき、よい物を選ぼうとか、心のこもったメッセージをつけようというのはわかるが、なぜ捨ててしまう包装にまでこだわるのか。

なぜファッション売り場がデパートで最大の面積を占めるのか。

なぜ学生や父兄に余計な出費をさせがちな入学式とか卒業式とかが必要なのか。なぜオリンピックは莫大な経費をかけて開会式をやるのか。なぜ経済的に余裕のある人は豪華な結婚式をやろうとするのか。

「おしゃれ」とはなにか。「センス」とはなにか。「流行」とはなにか。

経済的損得を優先する人を「金にきたない」と軽蔑し、公正さを優先する人を「きれい」と尊敬するのはなぜか。物語の主人公としては利己的な人よりも自己の利益を（場合によっては命さえ）かえりみない人に共感が集まるのはなぜか。自分はそんなふうにはなれないのに。

犯罪者（盗賊とかやくざとかテロリストなど）を主人公にした映画が無数にあり、しかも観客がそれらを「カッコいい」と称賛し、続編が作られるほど人気が出たりするのはなぜか。

なぜ「カッコいい」が賛辞となるのに、「カッコつける」と笑われるのか。

たぶん人が他人を見るときには、そこに「生き方の美学」を探る視線があって、ひとびとは「美学」に従う生き方を見るとつい評価してしまうのだろう。ちょうど自然を見るときに美を探る視線があり、美しい景色を評価するように。同じようにある人の生活のために選ばれた事物、室内空間とか衣服とか食器などのデザインもまた、その人の生活の「美学」の現れとして評価されるのだろう。

これら「生き方のスタイル」や「生活の中のデザイン」の問題に答えるものが「生き方と生活の美学」、あるいは「生きるための美学」である。本書はこのもう一つの「美学」を探るために第一歩を踏み出そうという試みである。もちろん最初からそのすべてに答えることはできないので、問題の範囲を区切りたい。それは日本の古代（『万葉集』の時代）から江戸末期までの、「生き方のスタイル」と「生活の中のデザイン」である。さいわい日本人はその時代ごとにこの「美学」を表す言葉を持っていた。「風流」「みやび」「数寄」「婆娑羅」「わび」「すい」「いき」などだ。これらはある種の生き方を表すと同時に、物品やその使用法の美的な特性を表す言葉であった。本書はこれらの言葉が何を意味していたのかを調べることを通して、過去の日本人の「美学」を解きほどいてゆきたい。

I……王朝の文雅

1　額田王の贈答歌

日本がはじめて本気で文化国家になろうと意識したのは、たぶん大化の改新のときである。七世紀の半ばから八世紀の初めにかけて日本は明治維新に匹敵する国家体制の大改革を行った。「日本」という国号を定め、全国民をもらさず統治するシステムを構築し、その土台となる戸籍や法律を作り、『日本書紀』という国家の歴史書をまとめるなど、「日本」を対外的にも対内的にも一つの国家として確立するための努力をした。その努力の一つに、「日本」を文化国家にする、というものがあった。

八世紀半ばの漢詩集『懐風藻』の序文は、そのために朝廷が何をしたかを書いている。それによると、聖徳太子は「礼儀」の制度を作ったけれども、まだ文学に手を染める暇はなかった。天智天皇の御代になって世は栄え、何もしなくとも国は治まるようになった。朝廷にも余裕ができたので「文学の士」を招いて酒宴を開き、天皇自ら文を作り、賢臣たちが天皇を讃える詩文を捧げた、とある。天智天皇とは言うまでもなく大化の改新を始めた中大兄皇子である。この序文は、天智が政治改革だけでなく、朝廷に「文学」を持ち込んだことを国家経営成功の証拠として誇っているのだ。しかもその「文学」の居場所は酒宴の席であった。

『懐風藻』を開くと行幸とか狩猟とか宴会とかの詩が多い。そもそも詩の題の中に「侍宴」（天皇の宴会に参加する）・「応詔」（天皇の命に応じる）・「従駕」（天皇の行幸に随行する）といった言葉が目に立つ。また単に「宴」とか「遊覧」「遊猟」などの言葉もよくある。たとえば「応詔宴新羅客」とあるのは、新羅《しらぎ》からの使節（国家の賓客）を接待する宴席で天皇の命により作った詩である。「従駕吉野」は吉野への行幸に随行したときの詩だ。こういう詩のあり方について、中国の政治・文学思想の影響があることはしばしば指摘されてきた。それは皇帝に遊行を推奨し、宴会で詩作を楽しむのを高い文化の証として礼賛する思想である。

もし帝王の業績が国を強大化することで計られるなら、明治日本のように「富国強兵」を勧め、その成功を礼賛すべきだろう。なぜ軍事にも経済にもつながらない狩猟とか宴会とか詩文などを勧め、かつその実行を評価するのだろうか。その理由は、実際に天下統一に必要なのは軍事力と経済力であるとしても、その状態を維持するのに必要なものは、天下がその治世を受け入れることであるからだ。そしてそのための条件が、皇帝の「徳」であると考えられていたからだ。ではその「徳」はいかにして目に見えるようになるのか。たとえば人民が飢えず、生活の現状に満足すること。文武百官をはじめ地方の（あるいは外国の）小権力者たちが、壮麗な儀式の場で皇帝にひれ伏すこと。そして国民が野蛮状態を脱し、洗練された生活スタイルを持つ文化国家であること。それはたとえば貴族たちが帝王とともに文雅に遊ぶことに表れるであろう。このような思想の影響下に編まれた『懐風藻』に「応詔」「従駕」「侍宴」の詩が多いのは当然といえる。朝廷の宴席における文雅は帝王の偉大さを示し、それはそのまま国家の文化面での力（ソフトパワー）を示すものであったのだ。

『万葉集』も当初は『懐風藻』と同じ目的で計画されたのではないかと思われる。じつは『万葉集』を企画したのが誰であり、その目的が何であったのかはよくわかっていない。漢詩集であれ和歌集であれ、ふつう古典の詩文集には編纂のいきさつとか趣旨を記した序文がある。ところが『万葉集』には序文がない。しかも編集のしかたに統一がない。だから『万葉集』は一度に出来上がったものではなく、いくつかの段階を経ており、その段階ごとに編者や編集方針が変わったのだろうと考えられている。現在の形にまとまったのは八世紀の後半であり、最終段階の編者は大伴家持《おおとものやかもち》であろうとされている。

最初に編まれたのは冒頭の五十首ほどであり、『万葉集』の原形という意味で「原万葉集」と呼ばれている。「原万葉集」の歌の作者には天皇や皇族が多く、さもなければ歌の巧みな歌人が天皇の意思を受けて詠んでいるケースが多い(その代表が額田王《ぬかたのおおきみ》と柿本人麻呂である)。「原万葉集」のもう一つの特徴は、ほとんどが行幸とか遊猟とか、天皇が多くの臣下を引き連れて行う行事の場で詠まれていることである。つまり応詔・従駕・侍宴の歌が多い。この事実から、少なくとも「原万葉集」は『懐風藻』と同じ考え方に基づいて編集されたとみることができる。つまり天皇の治世が成功したことのあかしとして天皇の行幸や遊宴の席で和歌が詠まれていたこと、それが中国の文雅に相当する日本の文化的達成であることを示そうとしたのだろう。『懐風藻』と『万葉集』は、日本がすでに文化国家であることを内外に示すために企画されたのではないだろうか。

けれども現代の芸術創作は、一人で部屋に閉じこもり、精神を集中して取り組むものとみなされている。なぜ当時の詩歌は、それも王朝の代表的文雅とされているものには、行楽や宴会などで詠まれたものが多いのだろうか。それらは居合わせる多くの人の前で読みあげられるものであり、言ってみればその場を盛り上げるために宴席に投じられるものである。

ここで「原万葉集」から「遊猟」「従駕」の歌を一つ取り上げてその特徴を見てみよう。『万葉集』のなかでもとりわけ人気の高い歌である。作者は額田王。

茜《あかね》さす紫野行き標野《しめの》行き野守は見ずや君が袖振る　巻一―二〇

「茜さす」は「紫」の枕詞とされている。「紫野」は薬草の紫草《むらさき》が栽培されている野。「標野」は天皇の御料地で一般人立入禁止の場所。「野守」はその番人。「袖振る」とは恋人への合図を意味する常套句。つまり「紫野の御料地を行きながら、あなたって人は昼間から私に袖なんか振っている。番人に見つかったらどうするの」という意味である。人目を忍ぶ関係の恋人を見かけた男が、うれしくてつい袖を振っているのを咎めているのだ。じつはこの歌には返歌があり、二首は『万葉集』巻一にワンセットの贈答歌として掲載されている。返歌の作者は時の天皇の弟であり、皇太子の地位にあった大海人皇子《おおあまのおうじ》である。

紫草《むらさき》のにほへる妹《いも》を憎くあらば人嬬《ひとつま》故に吾《あれ》恋ひめやも　巻一―二一

斎藤茂吉はこの歌を絶賛している。

「これだけの複雑な御心持ちを、直接に力づよく表し得たのは驚くべきである。そしてその根本は心の集注と純粋ということに帰着するであろうか。自分はこれを万葉集中の傑作の一つに評価している」(『万葉秀歌』)。

土屋文明も歌の力強さに打たれている。

「豪邁なる御気宇の轄達なる表現で、その勢の盛なる正に六月の日の如しとも申すべきであらうか」(『万葉集私注』)

しかし文字通りにとれば当時額田王は人妻だったわけで、これは不倫の恋の歌ということになる。では夫は誰か。大海人の兄、天智天皇だというのが従来の通説である。人目を怖れるのは当たり前だ。ではなぜ大海人はそんな危ない横恋慕をするのか。これには斎藤に「複雑な御心持ち」と言わせた事情がある。じつは『日本書紀』に大海人皇子が額田王を妻として皇女を生んだという記録があるのだ。その時期を推計するとこの歌よりずっと前のことである。とすれば天智と額田の間に大海人が割り込んだのではなく、大海人と額田の間に天智が割り込んだのである。しかも天智はまだ中大兄皇子と呼ばれていたころ、次のような大和三山の歌を詠んでいる。

香具山は畝傍《うねび》ををしと　耳成《みみなし》と相あらそひき　神代よりかくにあるらし
いにしへもしかにあれこそ　うつせみも嬬《つま》をあらそふらしき　　巻一―一三

〈香具山は畝傍山を愛して耳成山と争った。神々の時代からそういうことはあったらしい。人間だって同じことが昔もあっただろうし、今の世も妻を争うことはあるものだ〉

大和の三つの山を男神と女神に見立てて三角関係を想定し、現代の人間も同じことをしているというのである。二人の男が一人の女を取り合うのは神代の昔からよくある話で、これはしかたないんだよ、と言いたいらしい。おそらくこのとき中大兄の念頭には現実の三角関係があっただろう。江戸時代の国学者伴信友《ばんのぶとも》は『長等《ながら》の山風』でこれを中大兄と大海人と額田の関係だと解釈した。そして額田の「近江天皇を思《しの》びて作る歌」をこれに結びつける。

君待つと吾《あ》が恋ひ居れば我《わ》が宿の簾《すだれ》動かし秋の風吹く　巻四―四八八
〈あなたが来るのを恋しい思いで待っていると家の簾が動く。けれどもそれはあなたではなく、ただ秋の風が吹いいただけ〉

「近江天皇」とは天智天皇を指す。三角関係を踏まえてこの歌を額面通りにとれば、額田王の思いは後から登場した天智に向けられ、大海人皇子は争いに負けたのである。そう思って大海人の歌を読むと、裏切ったあなたをどうしても憎むことができなくて、人妻なのにまだ恋心を捨てきれないという、未練の歌にも見えてくる。もっともじっさいの大海人は軟弱ではない。天智が死ぬと、その子の大友皇子を攻めて滅ぼし、みずから皇位について天武天皇となった。壬申の乱である。その遠因はこの三角関係の恨みにあるというのが伴信友の推理である（もともと『長等の山風』は壬申の乱の研究書である）。

この歌が愛されてきたのは、二人の天皇が愛を争うという壮大なドラマがその背後に想像できるからかもしれない。たとえば田辺幸雄は言う。

夏の強い光の下を、彼方此方に移動してゆく鹵簿《ろぼ》の中にあってしきりに手を振ってみせる豪邁轄達の大海人皇子に対し、「野守は見ずや君が袖ふる」と歌った額田王のこの瞬間は、その歌の最高潮に達した時であるとともに、その悲劇的ともいえる生涯の一番張りつめた時ではなかったか。必ずしも心ゆかざる人の後宮に身を置いて、曾ての恋人に対する思慕の情止み難く、たまたま夏の広野に心の窓を開かれて、女の命の滴るようなこの一首をものした五月五日のひとしき、この一瞬にこそ額田王の何もかもが集中し凝縮していると言えはしないだろうか。

『初期万葉の世界』

あざやかなイメージの想像と深い心情への共感とが、熱い言葉で綴られている。文学の解釈の見本のような文章である。さらに田辺は「私はこの贈答歌を日本の詩歌が達することのできた最も高い境地の一つと常々見ているのである。こういう何百年に一度という如き傑作はいい加減な条件の中からたやすく生まれて来るものではない」（同）とこの二つの歌を日本詩歌史の頂点に位置づけるのである。

しかし有名なこの恋の贈答歌を真情の率直な表現として読むと、いささか気になるところがある。第一に、恋の歌なら相聞歌（恋の思いを伝える歌）に分類されるはずだが、この贈答歌は「相聞」の部ではなく、公的儀礼的な歌を集めた第一巻冒頭の「雑歌」の中に収められている（いっぽう「君待つと〜」の方は「相聞」の部にある）。つまり『万葉集』の編者はこのワンセットの歌を、ラブレターの交換というより儀礼的なものと解しているのだ。第二に、既に七歳の孫をもつ額田王に、はたして大海人皇子が危険を冒すほどの魅力があったろうかという疑問がある。

ここに額田王と大海人とのやりとりを本心の吐露とみるのは間違いではないかとして、新しい解釈の試みが生まれた。最初にこの歌を「宴会の座興」とみたのは折口信夫《しのぶ》である（「額田女王」）。その後折口の弟子の池田弥三郎・山本健吉がこの着眼を引き継ぎ、共著『万葉百歌』で座興説を主張した。これがきっかけで再検討がはじまり、現在では座興説がほぼ研究者の定説となった。その代表的なものが伊藤博の論考である。以下、先学の成果を参照しつつ、この歌を解釈しよう。

まず二つの歌を題詞や注を含めてもう一度引用しよう。原文は全部漢字だが、ここでは訓読で引用する。また本文ではない注記部分は小文字で示す。

天皇、蒲生野《かまふの》に遊猟したまふ時に、額田王が作る歌

茜さす紫野ゆき標野ゆき野守は見ずや君が袖振る
皇太子の答へたまふ御歌　明日香宮に御宇《しろしめ》し天皇、謚《おくりな》を天武天皇という
紫草《むらさき》のにほへる妹を憎くあらば人嬬《ひとつま》故に吾《あれ》恋ひめやも
紀に曰く「天皇の七年丁卯の夏五月五日、蒲生野に縦猟す。時に大皇弟、諸王、内臣、及び群臣 悉《ことごと》く皆従ふ」。

注記の「紀」は『日本書紀』のことである。つまり『日本書紀』によれば、天智天皇の御代の七年目（六六八年）の五月五日に蒲生野（琵琶湖の東）で天皇の猟があり、天皇の弟である大海人をはじめ皇族や高官そして群臣の全員が参加した。そこで詠まれたというのだから、これは天皇の行楽（遊猟）に随行したとき（従駕）の歌である。

とりあえず、ここから「茜さす〜」の歌が詠まれた状況を想像してみよう。この歌が詠まれたのはおそらく一日の行事がつつがなく終わったあとの祝宴の場であったろう（侍宴）。額田王は御意に応えて（応詔）、その場で歌を朗詠した。それは見事にこの場の期待に応えていた。伊藤博の解説を引こう。

歌の素材がすべて本日の遊猟での属目の景物ばかりである。……「あかね」（紫草の根）、「紫野」「標野」「野守」、そして「袖」（宮廷人たちの装いの袖）等々、初句から結句まで、本日の

猟の場や獲物に関する語が一つずつ計ったように登録されている。『万葉集釈注』

従駕応詔の歌としてはこれだけで完璧である。しかし額田はこれにちょっとしたウイットを仕掛ける。恋の歌に仕立てたのである。「標野」は他人が侵すことを禁じた占有地の意味であるが、万葉の歌では「標」は他人が侵すことを禁じる占有された女性の比喩として用いられる。この慣用を踏み台にして、額田は自分を占有され、他人が侵すことを禁じられた女であるとし、そんな私に恋して近づく男がいると語ったのである。儀式めいた歌はたちまち分別の足りない恋する男を危ぶむ歌になる。「あかねさす紫野ゆき標野ゆき」と続く言葉に今日の優雅な遊猟の光景を想い返していた宴席の人々は、「野守は見ずや」で転調させた歌を「君が袖振る」とあざやかに恋に落としたときには、みな笑いつつも感嘆したであろう。このときはまだ「君」が誰であるかはわからない。しかしそれは自分であるとして、返し歌を詠む者があらわれた。大海人皇子である。「あなたがあまりにも美しいので、人妻なのに恋してしまいましたよ」と返したのである。

返し歌には慣習的作法がある。形式の上では、相手の歌を受けているということの証に、その言葉の一部を取ること。内容の上では、相手の言い分を否定したり難癖をつけたりして、やり返すことである。まず形式面では、「紫野」から「むらさき」を取って「むらさきのにほへる妹」(紫草のように容色あでやかな貴女)としており、十分である。しかし内容面では、この歌に新しい情報がほとんどない。いかにも武人の単純な歌である。だがそう見えるのは、この歌を文字通りに解釈した場合の話である。じつは大海人は作法通り額田王に切り返して見せているのかもしれない。

宴席の人々は、大海人と額田とに夫婦関係があったことをみんな知っていた。しかも二人の間の娘である十市皇女《とおちのひめみこ》は天皇の息子である大友皇子の正妃でもあった。つまり大海人だけは額田の容色を揶揄しても許される者だということである。そこで山本健吉と池田弥三郎は額田がすでに魅力を失っていたと解釈する。山本に言わせれば、大海人は「四十女の残りの色香を讃めるポーズをして見せた」(『万葉百歌』)だけであり、池田に言わせれば「にほへる妹」などという大げさな言葉は「しっぺい返し」(同)のいやみなのである。してみると、内容は単純どころか二重の解釈の逆転がある。まず言葉の上だけを見ると、この歌は「私は美しいあなたに禁断の恋をしています」と相手の言い分を繰り返すだけの単純な歌である。けれども額田の容色の現状を知る者には、この大げさな愛の言葉は反語であって「今のあなたに恋する男がいるなんて思っているのかね」と皮肉っているのだと解釈できる。しかしそれを言う者がかつての夫であるために、その憎まれ口は本気のいやみではなく、親密さゆえの冗談であろうと解釈されるわけである。

もっともここで一つ疑問が生まれる。このやりとりは公的な儀礼の歌としてはくだけすぎているのではないか、ということだ。『万葉集』には遊宴のさいに詠まれた歌が多く収録されているけれども、たいがいは儀礼的に主人(主催者)や自然環境などを褒めあげたものである。『万葉集』冒頭の儀礼歌群の中にこのやりとりが置かれるには理由が必要だろう。そこでこの歌が選ばれたときの状況を考えてみよう。

2　和歌の舞台――時と所

もう一度「茜さす〜」の歌の注記にある『日本書紀』の記事に注目しよう。天智七年（六六八）五月五日に蒲生野で天皇が遊猟を行い、皇太子大海人をはじめ皇族・高官そして群臣の全員が参加したとある。国家の首脳、官僚の全員が近江宮の朝廷を空にして、琵琶湖の対岸まで遊びに行ったというのだ。のんきな話である。そんなに気楽な時代だったのだろうか。

天智天皇（中大兄皇子）の治世を振り返るとき、『万葉集』の編者たちが思ったのは「あのころは大変だった」という感慨ではないだろうか。じっさい大変だったのだ。中大兄皇子は六四五年に政治権力を握っていた蘇我入鹿を暗殺（乙巳《いっし》の変）、その後「大化の改新」と呼ばれる一連の改革によって国家体制を再編し、豪族の寄合所帯を天皇中心の中央集権国家へと作り変えていった。しかしそれは順調な道のりであるはずがなかった。そもそも、豪族らの私有地や私有民を取り上げて国有化する（公地公民）だけでも革命に近い大変革だ。そのうえ政府の役職の世襲をやめ、代わりに能力主義で官僚を選抜するというシステムは、中国の体制を見習ったもので確かに合理的だが、そんな各方面の既得権を無視した体制転換がすんなり実現するはずもない。乙巳の変のあと中大兄皇子は皇太子として国政の実権を握った。だがほどなく中大兄は協力者であった義父の蘇我石川麻呂を謀反の嫌疑で滅ぼし（のち無実とわかる）、孝徳天皇とも仲違いし、孝徳が亡くなるとその息子であった有馬の皇子を謀叛の計画を理由に死罪にした。波乱の連続である。

じつは当時このような内政の混乱は日本だけのことではなかった。七世紀半ばは東アジア全体の激動期であった。中国では六一八年に隋が滅びた。同年に建国した唐は内戦を勝ち抜いて六二八年に国内を統一、さらに東西に領土を広げようとした。この影響で朝鮮半島では高句麗・新羅・百済の三国体制に変動が生じたのである。もともと三国は互いにせめぎ合っていたが、中国からの脅威にともない国内では親唐派と反唐派とが争い、クーデターや政変が相次いだ。日本同様、唐に倣って律令制を取り入れ、国内の体制変革を試みる国もあった。朝鮮三国や日本の内政混乱は、対外的危機意識の産物という一面もあったのだ。六四四年唐はついに国境を接する高句麗を攻撃し、極東侵略の意志を明らかにした。乙巳の変の前年である。高句麗と百済に挟まれた新羅は唐と結ぶことを選び、やがて唐と新羅の連合軍は六六〇年に百済を滅ぼす。百済と同盟関係にあった日本には百済の王子豊璋《ほうしょう》が滞在しており、百済の遺臣は彼を擁立して百済を再興しようと日本に軍事援助を求めた。驚くべきことに日本は出兵を決意する。唐との国力差を考えれば、それは対米開戦を決意した昭和の日本以上に無謀であった。

六六一年斉明天皇は自ら軍兵を率いて船に乗り、九州まで行ったが筑紫で急死する（対唐戦争を阻止しようとする勢力による暗殺だったかもしれない）。中大兄皇子は天皇に即位しないまま天皇代行として指揮を執り、作戦を続行した。母国に帰った豊璋は百済王を称して復興軍をまとめ、六六三年ついに百済と日本の連合軍は新羅勢を百済領から追い出すことに成功する。だが唐は新たに援軍を送り、白村江《はくそんこう》で決戦が行われた。そして日本・百済の連合軍は唐・新羅の連合軍に大敗したのである。日本は危機に直面することになった。勢いに乗る唐と新羅が日本に侵攻してくるかもしれないからだ。考えられる唐軍の作戦は二つ。一つは北九州に上陸することであり、もう一つは瀬戸内海を抜けて大阪湾に上陸し飛鳥を攻撃することである。中大兄皇子は対馬、北九州から瀬戸内沿岸にかけて城砦などの防衛施設を築き、北九州には防人（防衛軍）を配備した。そのころの政府要人の心理は、太平洋戦争末期、陸戦にも海戦にも連敗し、本土決戦を覚悟していた日本を想像すれば近いかもしれない。もちろん決戦体制の裏では外交努力が続けられたはずだ。記録によれば六六五年唐から正式の使節が来日し、三カ月後この使節団の帰国に際して、彼らを送るという名目で日本から「送唐客使」が派遣されている。停戦条件の交渉のためだろう。翌六六六年に唐と新羅は高句麗攻撃を開始し、六六八年ついにこれを滅ぼすことになる。十年足らずの間にアジア東端の四国のうち二国が消え、新羅と日本だけが生き残ったのである。

このような情勢の中、中大兄皇子は六六七年に近江へ都を移し、翌六六八年正月にようやく即位して天皇となった。天智天皇である。そして五月、新たに皇太子と定めた弟の大海人皇子以下、皇族や臣下など朝廷のメンバー全員を引き連れて「薬猟」（薬草採集）のイベントを行った。これは中国の儀礼にならったものである。『礼記』の王制によれば天子諸侯は他に大事がなければ年に三回狩猟をすることになっていた。その目的は政治的なデモンストレーションにある。とすれば弓矢を用いる狩猟ではなく薬草を摘む「薬猟」でもかまわない。ただ『礼記』も言うように、「大事」

がなければという条件がつく。逆に言えば、このようなイベントを行うのは、もう戦争の心配はないという証拠である。つまり、唐とは話がついた、日本は生き残った、という宣言でもあったのだ。

　もともと古代日本には五月五日の端午の節句に天皇が群臣を連れて薬草採りを行うことがあった。その記録は六一一年、推古天皇の時代にある。『推古紀』の記述によれば、「この日、臣下たちの服の色は皆冠と同じ色であった。冠には各々飾りの花を着けていた。たとえば大徳と小徳はともに金細工のものを、大仁と小仁は豹の尾を、大礼以下は鳥の尾を用いた」という。「大徳」「小徳」などは聖徳太子が定めた日本最初の位階（冠位十二階）の名称であり、それぞれの位に応じて冠の色が決められていた。最上位の大徳は濃紫、次の小徳は薄紫、大仁は濃青、小仁は薄青というふうに。大化の改新の過程で冠位制度も改定され、天智天皇の時代には二十六階と増え、職位に応じた冠、衣服、礼法が新たに制定された。当然ながら蒲生野の遊猟に際しては、貴族たちは自分の位階に定められた色の冠と服を着し、頭にはやはり位階に応じて金や鳥の尾などの飾りを挿したであろう。「薬猟」はただの平和なピクニックではない。オリンピックの開会式のように、国家の安定と繁栄を内外に示す公的な儀式でもあったのだ。そのためには何カ月も前から準備が必要だっただろう。

　新天皇が琵琶湖畔で見せた豪華絢爛なページェントは、ようやく日本が滅亡の危機を脱して平和な時代を迎え、国家体制が再出発したことのデモンストレーションであった。けれどもわずか三年後に天智は亡くなり、古代最大の内乱といわれる壬申の乱がおこる。「原万葉集」編纂の時期から振り返れば、国内・国外での闘争と危機とが続いた中大兄皇子（天智天皇）統治の時代で、この蒲生野への遊猟はただ一つの平和で華やかな、それだけに幻のような思い出であったろう。その記憶のハイライトが、優雅な行楽のさなか恋人にのんきに袖を振る、あの額田王の歌だった。

豪華な公式行事が終わり、宴会となる。この宴会もまた国家行事の一部であって、ある意味で公的なものである。おそらく百済から亡命した知識人や日本の歌人たちが応詔・従駕・侍宴の漢詩や和歌を披露したことだろう。それらの多くは事前に準備されたものであり、中身はたいがい平和が回復したことを喜び、天智天皇の新しい治世が始まったことを祝うといったものだったろう。そして額田王の番が回ってきたとき、彼女は今日の遊猟の歌をよみあげる。それは儀礼的な歌のように始まりながら、突如天皇を裏切る恋の歌に変貌する。もちろん天皇を前にした宴席で朗詠するのだから、その内容を誰も本気にするはずがなかった。この冗談に人々は大笑いし、場の雰囲気は一変したと思われる。公的な祝宴は儀礼であると同時に遊宴でもある。人々が遊びの気分になるために、座興は必要であった。

額田王は天皇の命によって歌を詠むことが多かった。だが座興の歌ばかり詠んでいたわけではない。その場に居合わせた人々は、七年前に聞く者の心を揺るがした彼女の歌を思い出さなかっただろうか。

熟田津《にぎたつ》に船乗りせむと月待てば潮もかなひぬ今は漕ぎ出でな　巻一―八

〈熟田津の港を船出しようと月が昇るのを待っていたが、ついに潮も頃合いとなった。今こそ斉明天皇が日本軍を率いて朝鮮半島に出兵するとき、いったん伊予の熟田津に仮宮を置き、ここから出航した。各地から集められた兵士の大軍が、唐・新羅との戦いに向かうため船に乗り、待機している。潮の干満は月の引力による。月が昇れば潮が満ちる。そしてついに出航の時が来る。それは日本の命運をかけたさいころを振る瞬間である。このとき、天皇の命を受けて額田王が朗詠した。「今は漕ぎ出でな」。ついに船を出す時がきた。あとは戦うしかない。ある者はこの歌に勇壮な戦意を、ある者は悲壮な覚悟を感じたであろう。これは兵士たちを戦場に送り出す歌である。その額田王が、今は初夏のピクニックでの色恋沙汰を冗談にして笑いをとっている。これこそ平和でなくてなんだろう。七年前の歌が開戦の宣言だとすれば、これは泰平の証言のようなものだ。

その上ここに間抜けな恋人の役を引き受ける者が現れた。なんと元夫の大海人が立ち上がって歌を返したのである。それは額田の「男が命懸けで言い寄ってくる私」という虫のいい設定に乗って、「ほんとうにあなたは美しいからね、人妻だとはわかっていても恋してしまうよ」というもので、それは額田の吹いたほら話をまことしやかに演ずるものだった。座の人々はさらに笑っただろう。一番笑っていたのは天皇かもしれない。そしてこの二つの歌によって遊宴は忘れがたいものになった。天皇を前に、天皇の孫の祖母と祖父とが、歌によってふざけあい、一同が笑う。それはついに平和な時代が来たことを何よりも実感させたのではないだろうか。もっとも、その平和は長くは続かなかったのだが。

三年後、天智が病に臥すと、大海人は皇位への野心がないことを示すため出家して、吉野にこもった。そして天智が没すると、ただちに東国で味方を集めて挙兵し、大友皇子を自殺させて政権を奪った。壬申の乱である。このとき大海人の妻の一人であった鸕野《うの》皇女は天智の娘であったが、大海人と行動を共にし、吉野行きにも東国への脱出にも加わっている。大海人は飛鳥に宮を戻し、即位して天武天皇となり、鸕野皇女は皇后となった。『日本書紀』によれば皇后は常に天皇を補佐していたというから、ほとんど二人の共同統治だったようだ。天武が没すると皇后は即位して天皇となった。持統天皇である。

多くの女性天皇が名ばかりであったのとは異なり、持統は政権を掌握し、夫の遺志をついで日本の国家体制の仕上げに力を尽くした。首都藤原京の建設、律令の完成、『日本書紀』の編纂などである。おそらくこの流れの中で『万葉集』の編纂が計画された。それはのちの『懐風藻』と同じく、従駕・侍宴・応召の歌を集めて「君臣相和す」王朝の文雅を示すことが目的だった。持統がどこまで関わっていたかはわからないが、完成した『万葉集』が最初に奉呈されるのは持統のはずであったろう。とすればそれは、持統の不興をかうようなものであってはならなかった。もし大海人の歌が真情の告白であるとすれば、持統にとって、それは夫が別の女と命懸けの恋をしているということになる。けれどもこれが遊宴に特有の座興であるとすれば、天武天皇が機知に富んだ歌人であったということになる。

さらに想像するなら、編者がこの贈答歌を選んだ理由は、額田王の歌が秀逸であっただけではなく、天武天皇の歌を残すためだったかもしれない。天武の人格が帝王としてふさわしいことを示すために、彼が単なる武人ではなく、じつは文雅の人でもあったことを見せようとしたのではないだろうか。時の最高の歌人であった額田王に対し、即興でみごとな球を打ち返したのだから。

けれどもほんとうにこの歌は天武天皇のイメージアップになるのだろうか。内容がいささか不謹慎ではないのか。たしかに『懐風藻』などの宴席の歌はもっと上品である。なぜ編者はこういう不謹慎なやりとりを選んだのか。じつは当時の日本では、宴席における男女の恋の駆け引きの演技が文化的振る舞いだという思想があったようなのだ。中国においてはともかく、日本においてはこのような和歌をつかった「色好み」の演技を文雅の一つとみなしていたふしがある。そこで「原万葉集」の他の和歌を見てみることにしよう。

3　大悪天皇

「原万葉集」の編集は天皇の代ごとにまとめられている。冒頭は雄略天皇の代の歌だが、これは雄略本人の歌しかない。二番目は舒明天皇の代であり、これ以降は斉明・天智・天武・持統と（名ばかりの天皇だった孝徳をのぞいて）代々の天皇ごとになっている。

雄略天皇は中国の史書に記された「倭王武」とみなされている。「武」が宋の皇帝に送った文書によれば、東は五五国、西は六六国、さらに海を渡って朝鮮半島の九五国を平定したと称している。話をかなり割り引いて聞くとしても、周辺諸国を武力によって服属させ、強大なヤマト王権を作り上げたようだ。おそらく『万葉集』が編まれた当時においては、現在の天皇が天下を治める正統性をもつのは二〇〇年前に雄略天皇が天下を平定したからだという認識があった。中国的王朝観に従えば、現王朝の創始者は雄略天皇だということである（天皇家の祖先が神々だとしても、王朝は天下を支配して始まる）。だから編者はこの歌集を雄略天皇の歌で始めたかったのだろう。そう思って冒頭の歌を読めば、「大和の国は全部自分が統治している」という高らかな宣言の歌である。いかにもスケールが大きく、自信にあふれ、雄略天皇らしい。現王朝の賛歌である歌集の冒頭としてふさわしいであろう。

『万葉集』の二番目に選ばれたのは一気に時代を下って舒明天皇の歌である。およそ一五〇年飛んでいる。その間の天皇の歌がなかったわけではないだろうから、編者がその必要を感じなかったのだと思われる。大化の改新による新体制を作ったのは天智・天武・持統の三天皇であると言ってよいが、舒明は天智・天武両天皇の父であり、持統は天智の娘で天武の后である。とすれば、舒明が選ばれたのは雄略のように決定的な功績があったからではなく、三天皇の治世の共通の出発点であったからと考えられる。もっとはっきり言えば、新国家「日本」が天智ではなく舒明から始まるものであり、その子である天智と天武には同等の皇位継承の資格があることを示そうとしたのではないだろうか。皇位を前天皇の天智から譲られるのではなく、皇子を滅ぼして奪取した天武には正統な皇位継承者としての疑問符がついていたからだ。

それを裏付けるかのように、この歌は「国見」の歌である。「国見」は中国の「登高」儀礼にあたり、天子が高い山に登って自分の領土を見渡し、平和で豊かな国であることを確認したり、あるいは祈願したりすることをいう。つまりこの歌は、舒明天皇の治世をたたえると同時に、だからその直系の天皇たちの治世もまたすばらしいものになるであろうと、現在の体制を正当化するものである。

三番目はもう天皇の歌ではない。舒明天皇の遊猟にさいして臣下が天皇に捧げた歌である。弓をとる天皇の颯爽とした姿を讃えている。これ以降の「原万葉集」はだいたい行幸とか遊猟とかの宴席での歌となる。『懐風藻』的に言えば従駕・応詔・侍宴の歌である。とすればそれらは天皇や旅先での風景を礼賛し、ひいては天皇の治世を讃える歌ばかりであろうと推測される。ところが必ずしもそうではない。

まず舒明天皇自身の国見の歌から見てみよう。

大和には　群山《むらやま》あれど　とりよろふ　天の香具山　登り立ち　国見をすれば　国原は　煙《けぶり》立ち立つ　海原は　鷗《かまめ》立ち立つ　うまし国そ　あきづ島　大和の国は
〈大和にはいくつも山があるが、中でもみごとな天の香具山に登って国を見ると、陸には民のかまどの煙が立ち、海にはカモメが舞っている。この大和の国はすばらしい国だ〉

仁徳天皇に「民のかまど」という逸話がある。高いところから都を見ると家々のかまどの煙が見えない。炊事もできないほど民が貧しいと知り、当分税をとるのをやめた。三年後ようやく煙が立つのを見て喜び、「高き屋にのぼりて見れば煙立つ民のかまどは賑わひにけり」と歌を詠んだという。領地に立ちのぼる煙は仁政のあかしであり、天皇の徳のしるしでもある。また優雅に海原を舞う鷗の姿は、いかにも平和で美しい光景である。天皇が「大和はすばらしい国だ」と自画自賛してもかまわないだろう。治世を賛美する模範的な国見の歌である。しかし、この歌には疑問がある。まず『日本書紀』に舒明天皇が天香具山に登ったという行幸の記事がない。たとえ登ったとしても、標高一五二メートルしかない山頂からでは、生駒山地（標高三〇〇〜四〇〇メートル）に遮られて大阪湾は見えない。仮に海が見えたとしても、四〇キロ先のカモメを確認するのは無理だろう（苦しまぎれに「海原」を山の麓にあった池のことだとする説もあるが、それではスケールが小さくて「大和の国はすばらしい」と宣言する根拠として弱すぎる。つまり国見の歌にならない）。この歌は、舒明天皇が香具山に登って国見をして詠んだ歌だと、文字通りに解釈するわけにはいかないのだ。

ここで、この歌が別人の歌であろうとか、別の山の歌であろうとか、そんな史実の検討をしたいわけではない。問題にしたいのは、編者の意図である。もし「原万葉集」が持統天皇のころに編集されたとするなら、編者は香具山の実態をよく知っていたはずである。持統が都とした藤原京はその一部に香具山を含んでおり、宮殿の目と鼻の先にあったのだから。持統の時代ではないとしても、そう離れてはいないだろうから、編者は奈良盆地や香具山周辺の地勢に親しんでいたはずである。つまり編者はこの歌が香具山から見た実際の光景としてありえないことを知っていた。知った上でこの歌を舒明天皇の歌として、雄略天皇の歌の次においたのである。さらに編者の立場に立って想像すれば、後世の読者もこの歌を実景ではないと承知しながら読むであろうと考えていたはずである。そうでなければ、この歌を天皇の歌として二番目に置くはずはない。誰もこの歌を見て舒明天皇は嘘つきだなどと思わない、という確信が編者にはあったはずだ。

けれども『万葉集』では、この歌は「天皇が香具山に登って望国《くにみ》されたときに作られた歌」と記されている。これはいったいどういうことなのか。名目は「国見の歌」であるけれども、じっさいには「国見」はしていない。とすればこれは「国見」の演技によって作られた歌と考える他はない。編者はこの歌を、香具山以外の場所で「香具山からの国見の歌」のていで詠んだ歌として収録したのだ。そんなことをする環境はどういうものかと考えれば、宴席がある。

原万葉集にも『懐風藻』にも宴席での詩歌が多いこと、それらは中国の詩宴をモデルにしていることは前に述べた。そういう場所で作られる詩歌の評価基準は現代の文学作品の評価基準とは違う。なによりもまず、その場にふさわしいことが求められるのだ。宴席にふさわしい態度は二つある。

一つは礼儀である。天皇が居ればその徳や治世を絶賛する。ゲストが居ればその人格をべたぼめする。宴会の主催者に対しては趣向のしゃれていること、見える景色の美しいことなどを感動してみせる。これらは大げさな言葉になりがちだが、結婚式の祝辞のようなもので、実情を離れてもいっこうにかまわない。むしろ思ったまま、見たままを率直に表すほうが無礼になるだろう。

もう一つ宴席で要求されるのは、場を盛り上げることである。歌が宴席を盛り上げるのはどのような場合だろうか。文学として深い内容を表現している場合だろうか。それは人々を感動させるかもしれない。しかし場を沈黙させてしまうだろう。宴席が求めているのは泣かせる歌ではなく、笑わせる歌である。哄笑を引き起こす滑稽な歌。にやりとさせるウイットのある歌。あるいは膝を叩いて感心させる気の利いた歌である。これらの歌は、見たものをそのまま詠むようなやり方ではなかなか生まれない。

舒明天皇の歌がこのような宴席で詠まれた歌だとしてみよう。実景である必要はなく、ただ同席者にとって面白いことが大事である。そこで「国原に煙」の対句を作るふりをして、わざと「海原に鷗」と見えるはずのない光景を詠んでみる。酒が入っているから無遠慮な同席者が突っ込むかもしれない。「香具山から海なんて見えませんよ」。すると天皇は「『天の香具山』というくらいだから、天と同じくらい高いんだよ」とか答える。「でも鷗は見えないでしょう」「『明日香』の枕詞は何だ。『飛ぶ鳥』だろ。鷗くらい見えて当たり前だ」(今日「飛鳥」を「あすか」とよむのは「飛ぶ鳥の明日香」という決まり文句からきている)。じっさいにはこんなやりとりはなかっただろうが、同席者にはこの程度のしゃれは通じていただろう。酒席の座興として作られる歌だから、言葉で遊んでみたのだ。その場の同席者たちが「なるほど、うまいことを言うね」と面白がってくれればそれでよいのである。

編者たちはどう思ったか。この歌は形式的には完璧な国見の歌である。「国原」と「海原」の対句も美しい。けれども内容的には宴席の座興としてのみ成立する歌である。表面的な高雅と実質的な遊びという、この二重性こそ文雅の遊宴にふさわしいと思ったのではないだろうか。この二重性については、後で戻ってくることにしよう。

ここで放置していた『万葉集』の冒頭、雄略天皇の歌について詳しく見てみよう。

天皇の御製歌
籠《こ》もよ　み籠持ち　堀串《ふくし》もよ　み堀串持ち　この丘に　菜摘ます子　家聞かな　名告《の》らさね
そらみつ　大和の国は　おしなべて　吾こそ居れ　しきなべて　吾こそ座《いま》せ　吾こそは告らめ
家をも名をも
〈きれいな籠とへらを手に、丘で菜を摘むそこの君、どこの家の人なのか、名前はなにか教えてよ。大和の国は広いけど、みんなぼくのものなんだ。全部ぼくのものなんだ。さあ聞くがいい、ぼくの家とぼくの名を〉

「吾こそは」を「吾にこそは」と訓む説もあるが、その場合「ぼくにだけは教えなよ」という意味になる。いずれにしても、通りがかりにかわいい女の子を見つけて誘っているのだ。その口説き文句が「この国は全部ぼくのものなんだ」というところがすごい。なお現代の『万葉集』解説ではたいてい上品に「求婚」の歌と書かれているが、現代語にすれば「ナンパ」のほうが近いだろう。ただ一人の伴侶を求める現代の求婚とは違うからだ。天皇の正式の妻の実家は高い身分が必要であり、皇族や豪族から選ばれるものである。

「そらみつ〜」に始まるこの歌の後半はいかにも壮大な王者の宣言であって雄略天皇にふさわしいが、行きずりの娘をナンパしている前半はいささか王者の品位に欠ける感があるのは否めない。そこで前半と後半とで作者が違うという説が出てくる。後半は統治者の歌だが、前半は民衆の春の行事である集団的婚活（「歌垣」）で歌われたものであろうというのだ（中西進説）。ではなぜ木に竹を接《つ》ぐような合成をしたのか。後半だけでは歌として格好がつかないという判断が伝承者（あるいは編者）にあったからだろうか。だがその場合は既存のいろいろな歌からもっとも適切なフレーズを選ぶことができるわけだから、わざわざナンパの言葉をおく必要はなかろうという気もする。

けれども、ナンパの歌は品がないなどと考えるのは、私たちが現代の常識に囚われているからである。おそらく編者の考えでは、冒頭の歌は少しも雄略天皇の品位を傷つけるものではなかった。いや、むしろ「さすがは天皇」と言われるような振る舞いに見えると思っていただろう。ではナンパが天皇らしいのか。そうではない。そもそも天皇はナンパなどする必要がない。ただ命令すればよいのだ。『日本書紀』には、怒りにまかせて家臣を殺した雄略が宮廷に帰ると美しい采女《うねめ》が酒を持って出てきたのでさっさと寝室へ連れ込んだという記述がある。気のむくままに家臣を殺し、女を抱くことを誰も止められないのが天皇だった。歌を詠みかけて名前を聞くなどというまどろっこしいことをする必要はないのだ。

この歌を文字通りに解釈すると、通りがかりの地元の娘をナンパしている歌である。けれどもおそらく雄略はそんなことはしなかった。『万葉集』の編者もそれはわかっていた。わかっていながらこれを雄略天皇の歌として冒頭に据えたのは、これを文字通りに解釈すべき歌だとは思っていなかったからである。つまりこれは「ナンパの歌」ではなく「『ナンパの歌』のていで詠んだ歌」だとみなしたのである。この歌の前半は民衆の性的行事である歌垣での歌句だという中西の指摘は正しいだろう。一種の決まり文句のように使われていた誘いの歌だったかもしれない。雄略はこれに自作の後半を加えた。場所は路上ではないだろう。おそらく宴席である。これはうけただろう。なぜなら女を口説いたりする必要のない天皇が一般人のように口説いている姿がおかしいからだ。雄略天皇は、宴席の座興として女に一目ぼれした男を演じてみせたのである。ひょっとしたら、彼の目の前には魅力的な新人の采女がいたかもしれない。それは同席の人々に洒落た振る舞いとして受け取られた。そしてこの歌は雄略の風流な歌として後世に伝えられたのだろう。「原万葉集」の編者は、この歌を雄略天皇の資質を示すのに絶好の歌として選んだ。というのもこの歌は、形式的には恋する男を演じながら、内容的には現実の帝王の力を示しているからである。

中国からの影響であろうが、当時の価値観が一国の指導者に求めた特質は武勇だけではなく文雅に優れることであった。文雅は野蛮とは正反対のものという意味での文明を体現していることである。ところが雄略は、次々兄弟や政敵を殺し、臣下を処刑し、周辺豪族を武力で臣従させ、残虐で好戦的な天皇として後に「大悪天皇」とも呼ばれた人物だった。たしかに武勇は備えていたけれども、文雅とはほど遠いイメージである。

もし編者が『万葉集』の冒頭を飾るのはヤマト王朝の創始者でなければならないと考えたとしたら、それは雄略天皇をおいてない。そして選ばれるべき歌は、彼がヤマトの天皇としてふさわしいことを証拠立てるものが望ましい。すなわち文雅を示す歌である。雄略天皇にはそういう歌はなかったのだろうか。じつは雄略天皇の御製とされている歌は『万葉集』にもう一首あり、『古事記』には九首、『日本書紀』にも三首ある。『万葉集』のもう一つの歌を見てみよう。

夕されば小倉の山に伏す鹿の今夜は鳴かず寝《い》ねにけらしも　巻九―一六六四
〈夕方になると小倉山に寝る鹿が、今宵は鳴かないまま寝てしまったらしい〉

『万葉集』の中でも風雅な歌として評価の高いものの一つである。これなら雄略が繊細な感受性をもつ文学者でもあることを証明できる。ところが「原万葉集」の編者はこれを採らなかった。選ばれた歌は、雄略を恋の演技ができる帝王として提示できるものであった。もちろんそれは雄略の殺伐とした、しかし傑出した武人としての像を書き替えることではない。ただその上にある種の遊び方を知る者という像を重ね書きすることで、天皇に期待される人格を雄略が体現していることを示したかったのであろう。「ある種の遊び方」とは、先回りして言っておけば、のちに「風流」とか「みやび」とか呼ばれることになる生活のスタイルのことである。

おそらく編者がこの歌を選んだとき、後世の読者は次のような光景を想像するはずだと思っていただろう。雄略天皇が宴席で新人の采女を見つける。采女はたいがい地方の豪族の娘である。そこで、お前はどこの豪族の娘かと尋ねる。娘は謙遜して、私は田舎の賤しい娘です、野菜を掘って暮らしています、などとお決まりの言葉で答える。すると天皇はいきなり歌を詠じはじめた。歌垣でよく使われる歌詞に自作の詞を即興でつないだものである。

「きれいな籠とへらを手に、丘で菜を摘むそこの君、どこの家の人なのか、名前はなにか教えてよ。大和の国は広いけど、みんなぼくのものなんだ。全部ぼくのものなんだ。さあ聞くがいい、ぼくの家とぼくの名を」

いうまでもなく、これは本気ではない。冗談である。形式は目の前の女性一人に向けられた恋する男の告白だが、実際は宴席の全員に向けられた演技である。列席者たちは、歌を詠みかけられた女性が何と返すかと、かたずを呑んだことだろう。これこそ大悪天皇がじつは「みやびを〈風流士〉」であることを示すエピソードではないだろうか。表面的には優雅な恋の歌であり、豪快な帝王の歌であるが、その裏側には恋する男を演ずる遊び心の二重構造がある。

一般には、『万葉集』のころの歌は自己の真情を率直に吐露していたのに、平安期以降は想像に頼る虚構や言語技巧の歌が中心となったが、明治に至り正岡子規の革新によって再び短歌は自己表現となり、『万葉集』も再評価されることになったのだとされている。じっさい今日の短歌はほとんど実生活・実体験を題材としている。そして私たちは万葉の歌を読むとき、つい現代の短歌のように作者の実体験にもとづいた真情の吐露として読もうとしてしまう。けれども実際には歌の生まれ方はさまざまである。

古代の歌は必ずしも自分のために作っていたのではない。むしろ歌のもっとも晴れがましい在り方は、儀式や宴席などの場で読み上げられることであった。その場合、歌はそこにいあわせる人々全員のためのものである。当然ながら日記のように作られる歌とは制作の意識が違ってくる。そしてまた聴衆の体験も、ひとり歌集を黙読する現代の読者と同じではない。それはライヴ会場での聴衆のように、その場の全員が一体となって味わい、共感し、盛り上がるものである。こういう「場」のための歌は率直な「真情の吐露」そのものではなく、「真情の吐露」のていで語られる演技である。大げさな称賛、気の利いた言葉遊び、意表をついた着想、ウイットのあるはぐらかしなどが、「ありのまま」の表現よりも重要になる。額田と大海人のやりとりもそうだ。イメージ豊かな言葉づかいと意表をつく展開の額田の歌は、「遊猟」「従駕」「侍宴」「応詔」の歌として事前に用意された可能性が高い。レトリックに乏しい大海人の返歌はおそらく即興だろうが、相手の言葉尻をつかんでその嘘を誇張し、かえって滑稽に響かせるウイットは場を沸かせただろう。この応酬が演技であることは、その場の列席者は皆わかっていた。けれどもそれが当時の「文雅」であった。

4　文雅と遊宴

「原万葉集」が編まれたのは持統天皇治世のころ（七世紀後半）と推測されている。そのころの日本は「大化の改新」と呼ばれる国家刷新事業の仕上げの時代であった。明治政府が西欧を手本にしたように、当時の朝廷は中国を手本に各種の制度を整えようとした。日本から唐に渡った留学生たちは、中国の強さの原因をその合理的な国家体制に見ていただろう。だが、同時にそれを支えているのが皇帝の絶対的な権威にあることも見逃してはいなかっただろう。大化の改新によって日本に合理的な中央集権体制を作り上げるとき、その要ともいうべき天皇支配の正統性を示すために、中国から「徳」という観念と、その現れとしての「文雅」という証明法を借りてくるのは自然なことである。

ただ、それだけだと考えると、「原万葉集」にはいくつか不審な点もある。つまり天皇のあるべき姿について、基本的には中国の基準を導入したとみてよいが、それとは異なる基準もまじっているように思えるのだ。けれどもこれは珍しいことではない。一般的にいって、ある国の文化が異なる文化圏へ移植されるとき、現地の文化的コンテクストに対応するための修正を受ける（ローカライゼーション）のはふつうのことだ。明治の洋風生活の実態が、畳の上に洋家具を置いて急ごしらえの「洋間」を作り、靴を脱いで椅子に座っていたようなものだ。輸入された「文雅」日本版の実態は、しばしば当時の日本の生活スタイルを畳のように下に敷いていただろう。「文雅」の舞台がおもに遊宴であり、公的な宴席で好色の演技をしてみせるのもその一つである。

古代日本が好色な振る舞いを「文雅」の一部とみなしておかしいと感じなかったのは、中国にも似たような事例があったからだ。それらは中国の文献では「風流」という言葉で表されていた。『万葉集』では「風流」の文字を「みやび」と読んでいる。当時の日本人は「みやび」こそが中国の「風流」に近い生活のスタイルだと思っていたのである。そこで次章では「原万葉集」を離れ、『万葉集』全体から「風流」(みやび)の用例を抜き出して調べることにしよう。

II 万葉集の風流

1　中国の風流と好色

今日「風流」というと、独り月を見ながら歌を詠んだり、枯れた老人が盆栽をいじったりというイメージがある。けれども歴史をさかのぼるといささか様子が違う。というか、まったく違う。本章では『万葉集』の「風流」の用例を調べて、この言葉に古代の日本人がどのような意味を託していたのかを調べる。とはいえ、いささかの事前準備が必要である。まず、中国の古典で「風流」の語がどういう意味で使われていたのかを押さえなくてはならない。

中国語の「風流」はもと君子の徳風が後世に流れて伝わることだったようだが、時代とともにその意味も変わってくる。岡崎義恵は中国古代の用例を調べて言う。「その根本的意義は優れたる精神文化的価値の存する有様といふことである。その内容は初めは主として政教的であつたかと思はれるが、更に広く倫理的・美的価値の領域に及び、その所在は天下の民俗・特定の個人・自然物・芸術品等に亙つてゐる」（『日本芸術思潮』）。なんだか広すぎて漠然としているが、要ははじめ国民の道徳教化の話であったものが、やがて個人の品格にも、自然の風景の美しさにも、優れた詩文や音楽にも用いられたということである。注目すべきは、六朝末期（六世紀）の詩集『玉台新詠』になると「優婉の美」および「感覚的魅力と性的・情的蠱惑《こわく》力とを含んでいる場合がある」（同）という指摘である。平たく言えばセクシーということである。

古代日本（飛鳥〜平安期まで）の文化に最も影響を与えたのは六朝（三〜六世紀）と唐（七〜九

世紀）の文化である。唐代の「風流」の意味については小西甚一の綿密な調査がある。清の康熙帝は唐代の詩を全て集めよと命じ、一七〇三年におよそ五万の詩を収めた『全唐詩』九百巻が出た。小西はその『全唐詩』から「風流」の含まれる全ての語句を抜き出して調べたのである。そしてこう結論した。

『風流』はおもに『琴』『詩』『酒』『妓』およびそれらと共通な意味の語に結びついていることがわかった。したがって『風流』とは、音楽をめで、詩文をたしなみ、酒興を愛し、女性との交遊をたしなむという生活から昇華された理想的典型だったと考えられよう。

『中世の文藝』

まるで枯れてなんかいない。むしろ生臭い。その理由は、小西によれば、唐の少し前の六朝期に老荘思想がはやったこと、とりわけ六朝後期に神仙道が隆盛したことにある。「精力絶倫の仙人と容色美麗な仙女との交情は、道教における重要な理想像」で、「仙女と共に音楽・詩文・酒宴などを最高の水準において愉しむのが仙界の生活」とされ、これを模倣することが「風流」とみなされたというのだ（「風流と『みやび』─琴・詩・酒・妓の世界─」）。なお小西によれば、ここで言う「酒」とは飲酒というより酒席のことでその席でかわされる機知的な社交談義をも含め、宴席の全体を酒で代表させたものであり、「妓」とは「女性の美しさを妓で代表させたにすぎず、実際には、若く美しい女性との交遊ないし交情を愉しむこと」であるという。

このような詩に出てくる中国の妓女は官妓、つまり一種の公務員だった。唐代なら長安の北里、明代なら南京の旧院に妓楼が集まる地域があり、個々の妓楼は吉原のように民営化されていたが、そこの妓女たちは教坊（歌舞音曲担当の役所）に籍を置き、宮廷内の歌舞に参加した。だから妓女たちはみな音楽の訓練がされていた。しかも知識人である政府高官のひいきを得るには文学的教養が必要だった。もちろん詩も作った。『全唐詩』には妓女の詩一三六首が収められている。だから『琴』『詩』『酒』『妓』に結びつく「風流」の詩の多くは妓楼で生まれたと思われる。

じっさい中国の高級官僚たちは官庁での政務が終わると、夜は妓楼で遊ぶことが多かったようだ。たとえば科挙の結果が発表されると先輩の官人たちは合格者を連れて妓楼にゆき、新しい仲間のための祝宴を開くのが慣例だったという。こんな洗礼を受ければ新人たちもその生活スタイルを真似るようになるだろう。つまり中国最高の知識人集団である都の高級官僚たちは、昼はその能力を政務に発揮して国家を正しく運営し、夜は妓楼の酒宴で妓女とともに音楽を奏したり詩文を作ったりしたのである。このような生活を「儒雅風流」とか「風流儒雅」と言った。小西によれば、儒教の求める品格の正しさ（儒雅）と道教の推奨する風流とは対立するものであるけれども、これを公務と私生活とで使い分けるのが「儒雅風流」という生活スタイルなのである。そしてこれは知識人の理想となる。

たとえば杜甫の詩『詠懐其二』の中に次の句がある。

摇落して深く知る宋玉の悲しみ
風流儒雅またわが師なり

宋玉は紀元前三世紀の文人。「摇落」の語は宋玉の『九弁』という詩の中に「秋は悲しい。風が吹くと草も木も揺れ落ちて、姿も変わり衰えてゆく」とあるのから来ている。杜甫は「宋玉が秋を悲しむ気持ちはよくわかる、彼の風流儒雅は私の手本だ」と言っているのである。では宋玉とはどんな人物だったのか。古典の中の宋玉を見てみよう。

現代中国でも宋玉は「古代四大美男」の一人とされ人気は高い。ちなみに「四大美男」の他の三人は潘安《はんあん》（潘岳）、蘭陵王、衛玠《えいかい》である。共通するのは知性と容貌がともに優れていること、そして文学や音楽の教養が高いこと（才貌双全、文学音楽修養極高）であるという。宋玉は日本でも『高唐賦』や『登徒子好色賦』の作者として知られていた。『高唐賦』で有名なのは序文の冒頭なので、その概要を次に紹介しよう。なお「高唐」は山東省の地名である。

楚の襄王《じょうおう》と宋玉とが高唐の高台に登ると、にわかに雲が立ち上がってつぎつぎと形を変えた。王が「これは何か」と聞くと、宋玉は「朝雲」というものですと答えて、こう説明した。昔、先王が高唐で昼寝をしていたとき、夢にひとりの女が現れ、枕をともにしたいと申し出た。

王はそれを受け入れた。女は去り際にこう言った。「私は巫山に住んでいますが、朝には雲となり、暮れには雨となり、朝な夕なに巫山の丘に現れましょう」と。翌朝空をみるとその通りだった。そこで王は彼女が神女であったことを知り、廟を建てて「朝雲」と名付けた。

仙女との交わりが神仙の風流な生活とされたとき、この逸話はその先例として理想化される。後にこの『高唐賦』を典故として「巫山雲雨」という成句が生まれ、男女の情交を美化して言うための表現となった。漢詩文中にあまりによく出てくるために、単に「雲雨」と言っても何のことか通じるくらいになった。当然ながら宋玉の名前はこの『高唐賦』と結びついている。しかも彼は美男子であったというから、ここに宋玉は在原業平《なりひら》のような色好みではないかという期待も出てくる。しかし宋玉は『登徒子好色賦』で自分は好色でないと弁明している。

ある日登徒子が楚王に言った。「宋玉は容姿端麗、言葉も巧み、そのうえ好色です。王の後宮に出入りさせないほうがよろしいでしょう」と。王が宋玉に「登徒子の言い分をどう思う」ときくと、「容姿端麗なのは天から授かったもの。言葉が巧みなのは師から学んだもの。しかし好色という性質は持ち合わせておりません」と答えた。王が「好色でないと説明できるか？できなければ出入禁止にするぞ」と言うと、宋玉はこう答えた。

「美人といえば天下で楚国が第一、楚国の中では私の郷里が第一、私の郷里でもっとも美しいのは私の東隣に住む娘です。非のうちどころのない完璧さで、彼女の微笑に心乱れない男はありません。この娘が三年も垣根の間から私のことを覗いていたのですが、私はずっと無視しました。けれども登徒子は違います。彼の妻は、頭はぼさぼさ歯はぼろぼろ、背中は曲がり、皮膚には疥癬《かいせん》、おまけに痔までありますが、登徒子は彼女が好きで五人も子どもをもうけております。いったい好色なのはどちらか、お察しいただけるでしょう」

もちろんこの逸話は事実かどうかわからない。けれどもこれはひどく面白いので、日本でもよく知られていた。宋玉には他にも著作があるのだが、日本での宋玉像はもっぱら『高唐賦』と『登徒子好色賦』から作られた。つまり杜甫のいう「風流儒雅」のうち「風流」の面ばかりが有名になった。そして『万葉集』における「風流」の用例は、容姿と文才にすぐれ、機知に富む社交を行う宮廷人というこの宋玉のイメージに近い。

2　『万葉集』の「風流」

『万葉集』の中に出てくる「風流」の用例を検討する場合、まず二種類の「風流」を区別しなければならない。一つは中国語としての「風流」。もう一つはなんらかの日本語の表記として「風流」を使っている場合である。この日本語は現在「みやび」であろうとされている。つまり漢文の中に出てくる「風流」は「ふうりゅう」(あるいは「ふりう」)と読んで、中国語として解釈する必要がある。和文の中に出てくる「風流」は「みやび」と読んで日本語として解釈しなければならない。『万葉集』には題詞(作者名や作歌事情の説明)と和歌と注記(あとから書き込まれた注釈)とがある。題詞と注記は漢文であり、和歌は和文である。だから、和歌のなかの「風流」という文字は「みやび」と読むことになる。

日本語としての「みやび」を「風流」と表記したケースを見よう。

天皇に献《たてまつ》る歌一首　大伴坂上郎女が佐保の宅にありて作る也
あしひきの山にし居れば風流《みやび》なみわがするわざを咎めたまふな　巻四―七二一
〈山に住んでいるもので、みやびが身についておりません。ですから私のすることを咎めないでください〉

坂上郎女は大伴旅人の妹で家持の叔母にあたる。これは聖武天皇に献上した歌である。佐保は奈良郊外の山裾の地名で大伴氏の屋敷があった。ほんとうに山の中に住んでいたわけではない。これは自分の振る舞いがみやびでないことの言い訳に「山」を持ち出しているのだ。「みやび」はもともと「宮び」、つまり宮廷風とか都会的という意味であり、田舎(ひな)とか山の中にはないことになっている。郎女の振る舞いが何だったのかはわからない。たしかなことは、宮廷とりわけ天皇に関連する行為においては「みやび」が要求されていたということである。すなわち奈良時代の初め（八世紀前半）においては、「みやび」は貴族の生活スタイルとして標準、あるいは望ましいこととみなされていたのである。

中国語の「風流」はどうか。用例を見ると、男性を中国語で「風流」と形容したケースが三つある。一つは巻六の一〇一一と一〇一二の歌の題詞である。一二月二日に歌舞所（うたまいどころ）の諸王諸臣らが葛井広成の家に集って宴会をした。そこで広成が「ちかごろ古い歌舞が流行っているから、今日はみんなで古歌を唄って古情を楽しもう、今から古曲を二つ演奏するから『風流意気の才子』はこれに合わせてくれ」と言ったとある。この場合の「風流」には好色のニュアンスはない。ただ、流行の知識と音楽の教養と、すすんで宴席を盛り上げる心意気とが期待されている。

次の例もやはり宴会での歌の注記だが、これは歌のほうにも「みやびを」の言葉があり、「遊士」と表記されている。

春二月諸大夫ら左少辨巨勢宿奈麻呂朝臣家に集ひて宴せる歌一首
海原の遠き渡りを遊士《みやびを》の遊ぶを見むとなづさひそ来し　巻六―一〇一六
〈春二月に貴族らが巨勢宿奈麻呂の家に集まって宴会をしたときの歌。
遠く海を渡って「みやびお」たちが遊ぶのを見ようとここまでさすらって来ましたよ〉

注記によると、この歌は壁の白紙に書かれていた。その題詞には「蓬萊の仙女が風流秀才の士のために袋かずらに化けているが、凡人の目にはわかるまい」とあった。つまりこの歌は仙女が詠んだという体裁になっている。前の例は「風流意気の才子」の宴会だったが、こちらは「風流秀才の士」の宴会である。「風流」が「秀才」ないし「才子」と結びついている。「儒雅風流」の「儒」も学識深いことであり、「秀才」や「才子」と似たような意味である。つまり音楽や文学などの教養は「風流」の前提条件だった。しかも二つの「風流」の用例はいずれも宴会で期待される特性として語られている。とすれば「風流才子」や「風流秀才」であることが求められていたのは遊宴の場である。

神仙思想に見られる遊宴の理想は「仙女と共に音楽・詩文・酒宴などを最高の水準において愉《たの》しむ」ことであった。「風流秀才の士」が集まれば音楽・詩文・酒宴には困らない。ただこの宴会は男ばかりで花を欠いていたのだろう。そこで主催者が、美しい仙女が同席しているよ、という設定を考えた。「どこに仙女がいるんだい」という疑問に対しては、袋かずらを指して「ほらここに」というわけだ。これを見て「ただの袋かずらじゃないか」などと言う客は洒落のわからない奴で、「風流秀才」とは言えない。あくまでも宴席に美しい仙女がいるかのように演技しなければならない。男ばかりの集まりなのに、あたかも目の前に恋する相手がいるかのように詩文を作り、その人のために恋歌を歌う。それがたぶん「みやび」な、そして「風流」な遊びだったのであろう。それは宴席で居もしない不倫相手への歌を詠んだ額田王の振る舞いに似てはいないだろうか。

ここでの「みやびを」は「風流秀才の士」であり、彼らの遊びには仙女たちが同席するものだとされている。こうして「みやび」と「風流」には、知性と教養のほかに仙女との交流といった意味が結びついてくる。もっとも秀才といってもしょせん人間で、仙人ではない。そんな男に仙女がつきあってくれるのかという疑問があるかもしれない。じつは中国の古典文学には秀才と仙女との交遊、あるいは交情の話がよくあり、日本でも愛読された。右の逸話はこれを踏まえている。だがこれについては後で触れよう。

ではいよいよ有名な石川女郎《いらつめ》と大伴田主のやり取りを取り上げよう。ここには中国語の「風流」と、「みやび」の表記としての「風流」と、両方が出てくる。

まず注記から歌の作られた状況を要約しておく。大伴田主は「容姿佳艶風流秀絶」、つまり美男子であり、かつたいへん「風流」だった。そのころ恋人のいなかった石川女郎は、ある夜庶民のおばさんに変装して田主の寝所を叩き、「東隣の女ですが、火を貸してください」と言った。田主は暗くて相手が誰か気がつかないまま、種火を与えて帰してしまった。翌朝女郎は仲介もたてずに自ら関係を求めたことを恥じたとあるから、単に火を貸してほしいという以上のこと、たとえば「泊めてくれませんか?」とか言ったのかもしれない。そこで女郎は次の歌を田主に贈ってからかった。すると田主もこれに歌でやり返したのだが、さらに女郎はこれに返歌した。次がその三つの歌である。

石川女郎の大伴宿禰田主に贈る歌一首
遊士《みやびを》とわれは聞けるをやど貸さずわれを帰せりおその風流士《みやびを》　巻二―一二六
〈「みやびな男」と聞いていたのに私を泊めずに帰すなんて、にぶい「みやびお」だこと〉

大伴宿禰田主のこたふる歌一首
遊士にわれはありけりやど貸さず帰ししわれぞ風流士にはある　同一二七
〈私は「みやびな男」だよ。あなたを泊めずに帰したそのことが、まさに「みやびお」の振る舞いじゃないか〉

同じく石川女郎の更に大伴田主中郎に贈る歌一首
わが聞きし耳によく似る葦の末《うれ》の足痛《ひ》くわが背勤《つと》めたぶべし　同一二八
〈耳にしたことはあったんだけど、噂通りあなたの葦の先みたいな足の具合が悪いようね。せいぜい養生してちょうだい〉

「みやびを」という一つの言葉に「遊士」「風流士」と二つの漢語が当てられている。「遊士」と「風流士」は同じ意味の言葉だったようだ。そして女郎の解釈では、「みやびを」は女に恥をかかせるようなことをしないはずである。とすると「みやびを」とか「風流士」というのは、まさに好色という意味になる。もっともここで好色であることは決して悪い意味ではないことに注意すべきだろう。それは高唐で襄王に迫った神女を王が受け入れた行為と同じであり、それゆえに「みやび」な行為なのである。だから女郎は、「みやびをだと思ったらなんて鈍感な奴」となじったのだ。注記の文に「謔戯を贈る」とあるように、この憎まれ口はもちろん冗談である。女郎はたぶん親愛の情のこもった返歌を期待していたであろう。冗談の歌をやりとりしながら親密の度を深め、やがて恋人関係になるというのはよくあるパターンである。「いやあ、変装うますぎて婆さんにしか見えなかったよ」といった言い訳を予想していたかもしれない。けれども田主の返歌は笑えなかった。少なくとも今後の恋の進展がまったく期待できない返事であったのだ。ここで『万葉集』の注記がわざわざ郎女に「東隣」の女と名乗らせていることに注意しよう。つまり田主は自分を宋玉に見立て、たとえ美女であろうと、はしたなく迫ってくる女に手を出すほど好色ではないからこそ私は「みやびを」なのだとやり返したのである。これは思い切って自分から押しかけた女郎に恥をかかせる返答である。少なくとも彼女は本気で怒った。そう考えないと、なぜ急に田主の身体的欠陥を持ち出すのかわからない。三つ目の歌の「足」とは男子の陽物のことであろう。つまり「あなたの大事な足が役にたたないという噂はどうやら本当ね。私を帰したのは泊めても何もできないからでしょ」と報復したのだ。

この逸話からは、「みやび（風流）」について二つの見解があったことがわかる。一つは石川女郎のもので、男女の好色の関係を「巫山雲雨」の故事のような「みやび」とみなすことである。もう一つは田主のもので、逆に宋玉のように「好色」を拒否することが「みやび」だというものである。たぶんどちらの見解も間違いではなかった。「風流」とはかつて君子らしい高潔な人格を意味したからだ。小西によれば「漢代においては儒教的な道徳を含むものであった風流が、晋代になると、そうした道徳から離脱したところに風流が意識され」「六朝後期から唐代にかけて、風流はいちじるしく好色の意味あいを強める」（「風流と『みやび』」）というから、田主は古い風流観を持ち出したのである。けれども当時の日本ではすでに石川女郎の見解が常識であった。だから注記には田主が石川女郎を返したのは暗くて誰だかわからなかったからだとある。暗に、もしわかっていたら泊めていたろうと言っているのだ。つまり田主の言い分は自分の失敗をごまかすための屁理屈にすぎないとみなされている。そもそもこの逸話は滑稽談である。美男子でモテ男の田主がうっかりへまをしながら、「俺は宋玉と同じで好色じゃないんだ」と居直り、かえって相手を怒らせて痛撃な皮肉を喰らったという話なのだ。どうやら「みやび（風流）」は好色と結びついた言葉である。ただし、単なる「好色」と同じ意味というわけではなさそうである。

さて、それでは漢文で書かれた田主の評「容姿佳艶風流秀絶」の「風流」はどういう意味なのだろうか。どうやら宋玉の同類であるらしいが、「みやび」と同じなのだろうか。これについてはもう少し他の用例を見なければならない。

3　歌の母

『万葉集』で女性を「風流」と呼んだケースの一つは、平安時代に人々が和歌の代表とみなしていた歌の作者である。紀貫之が『古今集』の序文で「歌の父母」と呼んだ二つの歌がある。子どもが文字を習うとき最初に書くのがこの歌だというから、一般にもっともよく知られていた歌であろう。次の二つである。

難波津に咲くやこの花冬ごもり今は春べと咲くやこの花

〈難波津に咲いたこの花は、冬の時期はじっと籠もっていたのに、ついに春が来たとばかり咲きましたね〉

安積山《あさかやま》影さへ見ゆる山の井の浅き心をわが思はなくに　巻一六―三八〇七

〈安積山の影が映る山の水場は浅いかもしれませんが、あなたを思う私の心はけっして浅くありませんよ〉

難波津の歌について、貫之は『古今集』の序文で「みかどの御はじめなり」と記している。またこれは仁徳天皇を花に譬えたものだともしている。つまり仁徳天皇が難波高津宮で即位したとき、新天皇を花に譬えて新しい御代を祝った歌だとみなしている。当時この歌は臣下が新しい天皇の誕生と新しい御代を祝う歌として知られていたのだろう。

中国の朝廷ではしばしば詩作をともなう宴会が開かれた。それは詩を媒介とした「君臣相和す」事態とみなされ、皇帝と臣下との一つの理想的関係とされた。この「詩宴」は古代日本にも導入された。『懐風藻』をみると日本でも天皇が遊宴を催し、「座興」（宴席の盛り上がり）のために、天皇の命に応じて（応詔）文人が詩を作って献じている。しかし日本では誰でも漢詩を作れるほど教養があったわけではない。そこで和歌も遊宴の応詔の文学に採用された。額田王や柿本人麻呂はそのような応詔の歌人であった。

当然ながら遊宴は天皇主催のものだけではなかった。宴会好きの貴族から地方の役人たちまで似たような遊宴は無数に行われた。その参加者は必ずしも文学的教養の深い者ばかりではなかったろう。なにしろ酒宴である。飲み会である。場を盛り上げる宴会芸はつきものである。詩人なら詩を作り、歌人なら歌を作って朗詠すればよい。しかし素人はどうするか。あらかじめ誰かに代作してもらい、それを書き留めておくというのもあるだろう。いや、既に広く知られている歌を朗詠するという方法もあったろう。今日なら流行歌を歌うようなものだ。大事なことは芸術的創造ではなく、宴会を盛り上げることなのだから。もちろんそこには作法があり、主人に対して礼を尽くさねばならない。もし公的な遊宴であるなら、天皇や治世を賛美する歌が無難であったろう。ここに難波津の歌の意義がある。発掘される古代の木簡にしばしばこの歌が書かれているところをみると儀式や宴席など公的な場ではよく朗詠されたようだ。当時の木簡を調べた犬養隆は「七、八世紀を通じて

『難波津の歌』は汎用性の高い典礼向けの『歌』であった」(『木簡から探る和歌の起源』)としている。

要するに難波津の歌は天皇賛美の歌の代表だったのである。誰もがそう認めていたからこそ公的に使用できたのだ。今日の「君が代」のようなものと思ってもいい。日本だけではない。為政者を賛美する詩歌が公的性格を持つのはふつうのことだ。ドイツ帝国の国歌は「皇帝陛下万歳」だったし、今も英国国歌は「神よ女王を護り賜え」と歌う。難波津の歌が「歌の父」と呼ばれたのは、その国歌に近い公的な性格のゆえであろう。

それでは「歌の母」にあたる安積山の歌のほうはどうか。

『万葉集』の注記によると、葛城王が陸奥に遣わされたとき、国司の接待に何か手落ちがあったらしい。王は自分のために設けられた宴席を楽しむどころか「怒りが顔に出る」という事態になった。このとき、かつて都で采女をしていた女性が、左手に盃、右手に水を持ち、王の膝を叩いて歌を詠みかけた。

「安積山影さへ見ゆる山の井の浅き心をわが思はなくに」

すると王の心はとけて、終日楽しく酒を飲んだという。

采女とは天皇の身の回りの世話をするメイドのことで、地方豪族の子女の中から若くて容姿端麗な者を選んで献上させた。身分は低いが後宮の一員であり、運がよければ天皇の子どもを産むこともあった。その采女が退職して陸奥の故郷に帰っていたのを、たぶん皇族が来るからというので宴席に駆り出されたのだろう。とすれば葛城王は采女の魅力にでれでれとしてしまったのだろうか。もっとも「前采女」の肩書を文字通りにとる必要はなく「遊び女」つまりプロのホステスではないかという説もある。たしかに地方の妓女が出自を聞かれて「昔は都で采女やってたんですよ」と答えるのは決まり文句としてありそうだ。いずれにしても色仕掛けで接待を成功させたというエピソードに見える。そんな歌がどうして後世「歌の母」とまで呼ばれるのか。本当に安積山の歌は難波津の歌と並び称されるほど有名だったのだろうか。それは貫之の思い込みではないのか。ところがどうやらそうではない。

『源氏物語』には、若紫を引き取りたいといった光源氏に対し、保護者の尼君が「まだ難波津さえきちんと書けないほど幼いので」と断ると、光源氏が「安積山浅くも人を思はぬになど山の井の影はなるらむ」（こんなに深く思っているのになぜつれないのでしょうね）と歌で返している。つまりこのころは確かに難波津の歌は子どもが手習いの初めに書く言葉であり、しかも安積山の歌とワンセットで知られていたことがわかる。もっとも『源氏物語』は『古今集』のおよそ百年後に書かれたものだから、むしろ『古今集』からの影響かもしれない。では『古今集』以前はどうだったのか。これに関して近年新しい発見があった。

滋賀県甲賀市の信楽町にある宮町遺跡は聖武天皇の紫香楽宮《しがらきのみや》跡とみなされている。二〇〇八年、ここから七四四年末から七四五年初めのものと推定される木簡が発掘された。両面にはそれぞれ一首の歌が書かれていた。表の歌は難波津であり、裏のほうは安積山の歌であった。貫之が「歌の父母」と書く一五〇年前に、すでにこの二首はワンセットとして扱われていたのである。おそらく安積山の歌は難波津の歌とともに公的な宴席での朗詠に適しているという認識があったのだ。

では当時の人々はこの歌になにを読み取っていたのだろうか。たとえば折口信夫は歌の「功徳」（呪術的効力）であると説く。折口は「采女」を巫女であるとし、外来の客神に奉仕するのがその役目であり、その言葉には呪力があるのだという（「日本文学の発生―その基礎論」）。けれども貫之は「安積山の言葉は采女の戯れよりよみて」と書いている。采女の遊び心から出た言葉だというのだ。じっさい今日の私たちが読んでさえ、このとってつけたような「深い思い」の告白は本気に見えないから、当時の人々もこの歌を本気の告白とは思わなかったろう。そしておそらく言い掛けられた葛城王さえ、これを本気だとは思っていなかっただろう。少なくとも貫之やその同時代の人々はそう考えていたはずである。とすれば、これは色仕掛けにひっかかったおじさんが鼻の下を伸ばしてごきげんになった、というような話ではない。では葛城王はどうしてこの「戯れ」の言葉に態度を変えたのだろうか。

ここで注目したいのは、『古今集』がこの采女を「風流娘子」と呼んでいることである。じつは『古今集』には「風流娘子」という言葉が使われているケースがもう一つある。詳しくはのちに触れるけれども、とりあえず共通点を少しあげておこう。まず容姿に優れていること、これは「前采女」ということで示唆されている。容姿が優れていなければ采女に選ばれないからである。次に男性に対して誘惑するような歌を詠みかけて恋の駆け引きをしていること。しかもその恋の思いを語こる言葉がとても本気とは思えず、人前でのゲームとしか見えないことである。そしておそらく、これらが「風流娘子」の特徴なのである。

初対面の男女が互いに歌を詠みあって一夜の恋の駆け引きをする、という社交形式はアジア各地にあり、日本では「歌垣」と呼ばれるイベントとして知られている。たいていは軽く探りをいれるところから始まり、しだいに大胆になる。しかしたいがいは衆人環視の中で行われるやりとりだから、これらの言葉は本気ではなく「演技」とみなされる。逆に言えばゲームという了解があるからこそ、どんなに大げさな言葉を使おうと、下ネタに落ちようとかまわない。それらは相手への真剣な訴えというより、周囲への受け狙いの言葉と取られるだけだから。そして遊宴の席では、恋のゲームを歌によって演じることが「風流」とされていたのではないか。そう考えればどうなるか。

しらけた宴席に登場した女性が主賓の膝をつついて歌を詠みかける。このとき場の意味は一変する。それは「風流」の場になる。葛城王は返歌をしなければならない。もし不機嫌なまま無視すれば、彼は風流を解しない男ということになってしまうからだ。しかも詠みかけられた歌の意味は「深くあなたのことを思っています」という恋の告白だから、これに対する返答でなければならない。「おいおい、いきなりかよ」と思ったかどうかわからないが、即興の新作であれ、世に知られた名歌であれ、とにかくなんらかの歌を盃片手に朗詠したであろう。返歌とはふつう相手の言葉を切り返すものだから、よくあるパターンは「あなたの言葉は調子がいいけれども、どうせ本気じゃないでしょう」というものか、「いやいや私のほうがもっと深くあなたのことを思っていますよ」

というものである。そのいずれにせよ、また出来合いであろうと凡庸であろうと、王が歌を返せばその場はどっと盛り上がったに違いない。そして王は「風流な才子」を演じたことに満足し、気分をよくしたことであろう。その後「風流娘子」のリードで風流な遊宴は終日続いたと思われる。

繰り返し確認しておくが、右の私の想像はこういう史実があったのだろうということではない。『古今集』の文言から当時（『万葉集』成立から貫之まで）の読者が読み取ったのはこういう物語ではないかということである。

史実という観点から言えば、そもそも安積山の歌がこういう場面で元采女によって作られたかどうかもわからない。わかるのは、当時の人々にこの歌は、こういう場面で詠まれるのにふさわしいと考えられていたということだけである。つまり「風流」であることが要求される宴席において、恋のゲームにおける告白の場面を演ずる場合、この歌は模範的だということである。

もう一度この歌のテキストについて見てみよう。「安積山影さへ見ゆる山の井の」までの上三句は序詞であって、ただ次の「浅き」を引き出すだけの役目しかない。深く掘った井戸と違って「山の井」は岩間の湧き水がある場所で、浅いものという相場になっている（貫之が「むすぶ手の雫に濁る山の井の〜」と詠んだように、手で水をすくっただけで濁ってしまうくらい浅い）。もちろん「あさか山」と「あさき心」とは「あさ」の頭韻を踏むから、この序詞は意味の上でも音の上でも下句の「浅き」に結びつく。だが序詞はあくまで序詞であって、歌の趣意ではない。下句の「浅き心をわが思はなくに」こそがこの歌で伝えようとしている趣意である。それは「あなたのことを深く思っているのですよ」というだけの単純な意味しかない。だがこの単純さこそが価値がある。誰かが自分の心情を語りたいとき、個別の事情に関わらず使えるという汎用性があるからだ。難波津の歌さえ覚えておけば公的な宴会で困らなかったように、安積山の歌さえ覚えておけば風流な遊宴で困らないのである。たとえば何か恋の歌めいた歌を詠みかけられる。たいていその内容は「あなたのほうの気持ちはどうなんですか」といったたぐいのものだ。しかもこれはどうみてもゲームであって本気ではない。同席の連中が興味津々でこちらを見ている。まじめに「いや既婚者ですので」などと答えれば場はしらけてしまうだろう。求められているのは「風流」な男あるいは女の演技である。こういうときは安積山の歌を朗詠しておけば間違いなかったのだ。

このように考えるとき、難波津の歌と安積山の歌が「歌の父母」と呼ばれる理由がわかる。和歌の主要な役割は、天皇の治世を賛美することと、風流な男女を演ずること、この二つと考えられていたのである。

4　松浦の仙女

女性を漢文で「風流」と評したもう一つの例は大伴旅人《たびと》による「松浦河《まつらがは》に遊ぶ」という一連の歌の題詞にある。大伴旅人は大宰帥（大宰府長官）として九州に赴任し、筑紫歌壇を形成した人物で、大伴家持は彼の息子である。彼の書いた長い題詞によると、旅人一行が松浦の地を逍遥していたとき、川で鮎を釣っている美しい娘たちに出会った。そこで旅人は「どちらの家の方でしょう？　ひょっとしたら仙女ですか？」と問いかけた。娘たちは笑って「みんな漁師の子ですよ。住んでいるのはあばら家で、どこの家と名のるほど立派なものではなく、ただの田舎者です。それがこんな高貴な方々にお目にかかれるなんて、ほんとうにうれしい。これを機会に一生おそばに置いて下さるかしら」と答えたという。このあと旅人たちと娘たちとの歌のやりとりが記されていく。まず旅人が「あなたは漁師の子というけれども、きっと身分ある方の娘でしょう」（巻五―八五三）と詠みかける。娘が「川上に家はありますが、あなたに見られると恥ずかしいので言えません」（同八五四）と歌で返す。すると旅人の仲間が加わって三首の歌を贈る。これらはまだ恋の思いを直接語るものではなく、鮎を釣る娘たちの姿を述べる、言わば挨拶程度の歌である。すると娘たちも三首の歌を返すのだが、これらはかなりはっきりと男への愛を見せるのである。あまりに露骨なので、これは交情後の歌ではないかという説さえある。さらにこのエピソードを聞いた後人たちの歌三首がつけ加わるのだが、これらは逸話への感想といったものである。一連の歌の中心は旅人たちと娘たちとの歌による恋の駆け引きにあるのだが、女のほうがいやに積極的である。ひなには稀な容姿といい、初めてあった貴族たちに物おじしない態度といい、即興で歌を返せる機智といい、この娘たちはただ者ではない。そこで旅人は彼女たちを「意気は雲を凌ぎ、風流は絶世」（精神潑剌としていて、この上なく風流だ）と賞賛するのである。（なお『万葉集』の「風流」の用例はこれで全部である）。

漁師と貴族との違いは田舎と宮廷との違いであり、これを和語で言えば「ひな」と「みや」であり、形容詞にすれば「ひなび」と「みやび」になる。だから娘が漁師の子と自称するのは、自分たちは田舎者で「みやび」がわからないという謙遜である。ところがこの娘たちは都の貴族である旅人たちと対等に歌をやりとりして洒落た恋のゲームをする。旅人から見れば「風流絶世」である。その歌が後人の感想も合わせて十一首も『万葉集』に採られたのは、このエピソードの全体が「みやび」なことと見えたからだろう。これをみるとやはり女性の場合も「風流」は男女の交流と無関係ではない。

旅人の筆による題詞では通りがかりの出会いのように書いているけれども、実際は地方の豪族が設定した接待の宴席だったのではないだろうか。当時旅人は都からきた高位の貴族で、歌人としても名高く、かつ九州地域の権力者（大宰帥）であった。九州を巡回すれば当然各地で接待の宴が張られたはずである。ちょっと想像してみよう。宴席に登場した美しい娘たちに旅人が「ひょっとして仙女かな？」とお世辞を言う。娘の一人が「いいえみんな貧しい漁師の娘です。いつもは川で鮎を釣っています」などとはぐらかす。松浦の川で神功皇后が鮎を釣って対新羅戦争の勝敗を占ったという故事は有名だったから、都の貴族でもわかる冗談である。しかし松浦川という歌枕を与えられれば即興で歌を作りやすい。都からの客たちは松浦川で鮎を釣る娘の姿を歌に詠んで贈る。彼女たちはそれに返歌して客への恋心を告白する。いや、恋したふりをして、宴席を盛り上げる。もちろん全ては座興である。たぶん都でもここまでの女性はなかなかいなかったのだろう。旅人は「風流絶世」と感嘆する。彼女たちは当然ながら漁師の娘ではなく、このために選ばれた「風流娘子」のホステスだったろう。旅人はのちにこのとき交わされた数々の歌をまとめ、その制作事情を風流に美化して漢文で書き、一連の歌の題詞とした。彼女たちとの出会いが川での鮎釣りの現場であったとしたのは、松浦の地が神功皇后の鮎釣りの場所として都でも知られており、そのほうが故事を踏まえた出来事としていっそう洒落て見えたからであろう。

もっとも旅人による脚色は場所ばかりではなく、歌についてもかなりあったかもしれない。全てが旅人の創作だと考える人もいる。どこまでが事実でどこからがフィクションかは、もはやわからない。けれども旅人がこれをどのような物語として提示しようとしたのかは、その文面からわかる。彼は都の風流才子と地方の風流娘子との交流を描きたかったのだ。

当時の読者はみな知識階級であったから、これを読んでまず思い浮かべたのは、当時日本でも人気の高かった中国の小説『遊仙窟』であろう。これは作者の張文成が黄河を遡って神仙の境に至り、そこで美しい仙女と詩を交わして思いを伝え、一夜の契りを結ぶという話である。出会いはまず川岸で着物を洗っている娘に声をかけるところから始まる。旅人の『遊松浦河』が松浦河で鮎を釣っている娘に声をかけるところからはじまるのに似ている。もっとも『遊仙窟』のほうは「仙窟」(神仙の住居)に遊ぶわけだから、相手は仙女である。旅人の相手は、はじめは「ひょっとして神仙ですか」と仙女扱いしているが、結局漁師の娘である。人間かと思ったら仙女だったというのは、巫山雲雨の故事もそうであったように、中国の神仙思想の産物で、ユートピア的幸福を語るときの常套手段である。それを承知で漁師の娘にしたのは、たぶん旅人のひねり技なのだろう。『遊松浦河』と、まるで『遊仙窟』をもじったようなタイトルから仙女と遊ぶ話かと思ったら、なんと漁師の娘だったというのが、読者の期待を裏切る趣向になっているのだ。けれども旅人が読者に想定していた都の貴族たちからすれば、九州の漁師の娘などというのは仙女と同じくらい遠い存在で、想像で海女の歌など詠んでいた彼らからすれば、なかなかにロマンチックだったかもしれない。一九世紀のパリの貴族たちにとってロマンチック・バレエ『ジゼル』の主人公が異国の山奥の娘であるが故に胸をときめかせる存在だったように。

ところで『遊仙窟』の主人公と相手の十娘のやりとりは、形式こそ美しい詩であるものの、内容はかなり下世話で、日本で言えば遊廓の客と遊女のやりとりに似ている。そこでこれは中国の妓楼での段取りや駆け引きを仙境の話として書いているだけではないかとの解釈がある。たぶんそれは当たっているだろうし、そんなことは日本の読者もわかっていただろう。妓楼を仙境に、妓女を仙女に見立てて、下世話な話を大げさなほど高尚典雅に書いているところがこの小説の洒落た仕掛けなのである。

同じように、旅人の松浦河の話もほんとうに漁師の娘との対話とは誰も思わなかったろう。よくある宴席での、接待役の女性（元采女的な存在）とのやりとりを、名所の川べりでの物語に仕立てただけと思っただろう。

ここで雄略天皇の歌を思い出してみよう。旅行中に丘の上で菜を摘む美しい娘をみかけ、交流を求めて声をかけ、田舎者ですのでとしり込みする相手に歌を詠みかける。松浦河で鮎を釣る娘たちに声をかける旅人と同じ筋の運びである。旅人の描く松浦河での遊び（遊松浦河）が風流と判定されるなら、雄略天皇のナンパもまた風流ということになる。ひょっとしたら、今は伝わっていないけれども、雄略の歌のあとに娘の返歌もあったかもしれない。実際は宴席の場で詠まれたとしたら、接待のために用意された「風流娘子」が「あさか山」のような歌を返したはずである。このとき雄略天皇は風流な社交の主人公として「風流才子」の役を演じていたことになる。「初めて見る女性に交情を求めて歌を詠みかけること」の演技は、まさに「風流」という生活スタイルの実行であったのだ。雄略天皇の誘惑を演ずる歌が他の歌をさしおいて『万葉集』の冒頭歌に選ばれたのも、編者たちがこのような「風流」を宮廷文化の必要条件と考えていたからではないだろうか。そしておそらくそのような習慣を踏まえて、額田と大海人の和歌による恋の演技も行われた。それはもはや若者の甘いやりとりではなく、相手の裏をかく機知が試される勝負であり、平安時代の男女の社交につながっていくものである。

こうしてみると、古代日本の「風流」にはひとり月を眺めたり、隠居して盆栽をいじったりというような趣はまったくない。むしろ和歌や恋愛を洗練されたゲームとして行うこと、それも宴会のような大勢の参加者の前で演じてみせることが「みやび」であり「風流」だったようである。

中国で貴族たちに求められた資質はまず文雅であった。それは古典の学識であり、詩文の才であった。「文章は経国の大業」という言葉からもわかるように、それらは国家経営に必要な能力とみなされていた。しかし風流は私生活、それも主として妓楼で発揮される能力である。だから杜甫が宋玉の「儒雅風流」をわが師と言ったのは、公的生活における教養と品位である儒雅、私生活における洒脱な遊興である風流、あわせて公私ともに宋玉のようになりたいという意味である。ところが「原万葉集」をみると、風流は公的な場面でも求められているのである。雄略天皇の帝王宣言から、天智天皇の国家行事における遊猟まで、公的な宴席での和歌による恋の演技が日本的な文雅として選ばれている。そして『万葉集』において「風流」という言葉は、和歌による恋のゲームの達人に結びつけられている。

本気の恋に落ち、真情を吐露する歌を詠む者は「風流」とは言われない。それは自分の言行についての反省的視点がないため、ときに見苦しく、同情はできても鑑賞に耐えないからだ。「風流」と呼ばれる振る舞いは演技である。演技の特徴は、常に自分の言行について第三者の視点から眺め、最善の選択をしようとすることだ。だから衣装は役柄にふさわしく、振る舞いは優雅になり、言葉は意味を伝えるだけでなく洗練された形を選んで歌になる。そして貴人を招いた社交界の宴席で、人々の注目を集める恋のゲームをウィットをもって演じきるとき、人は男女を問わず「風流」と呼ばれたのである。

III 宮廷の「みやび」と「すき」

1　風流からみやびへ

大化の改新以後の半世紀、つまり「原万葉集」の時代、日本は文化国家たるべく「文雅」への努力をしたという話を前章で述べた。それは唐詩の「風流」（酒席・詩・音楽・女性との交流）を日本的に解釈したものであり、主として儀礼的社交の場（たいてい遊宴）で酒を飲み、歌を詠みあい、恋愛のゲームを行うことだった。中国の「儒雅風流」の前提となっていた古典の学識に基づく教養はまだ十分ではなかった。しかし奈良時代には貴族の教養も磨かれて漢詩を作る能力も高まった。平安時代初めに編まれた漢詩集『経国集』は、奈良時代を中心におよそ一二〇年の間に作られた漢詩千編を収めている。作者は一七八人にのぼる。『経国集』を含む「勅撰三集」（天皇の命で編集された三つの漢詩集）は、日本がすでに「文雅」の国であることを誇るための計画であったと思われる。

平安時代に求められた文化的教養は「詩歌管弦」という言葉に表れている。漢詩と和歌と音楽である。もちろんこれらは社交の場で発揮されるべき能力だった。たとえば『大鏡』に「三船の才」という話がある。時の最高権力者であった藤原道長が大井川で舟遊びをしたとき、漢詩の舟・和歌の舟・管弦の舟に分け、それぞれに一流の人を乗せることにした。藤原公任がやってきたとき、道長は「彼はどれに乗るのかな」と言った。公任は和歌の舟を選んだ。このとき公任の詠んだ歌はみごとで人々の賞賛を集めたのだが、のちに彼はこう言ったという。「漢詩の舟にしておけばよかった。そしたらもっと名声があがっただろうに」。たいへんな自信である。さらに公任はこう続けた。「それにしても道長殿が『どれに乗るのかな』とおっしゃられたのには、我ながら誇らしく思いましたよ」。道長の言葉は、公任なら漢詩・和歌・管弦の舟のどれに乗ってもおかしくないと認めていたことを意味しているからだ。この逸話は「三船の才」として伝えられ、平安貴族の教養の理想とされた。

平安時代の文化的頂点は、この公任をはじめ紫式部や清少納言が活躍した一条天皇の時代（紀元一〇〇〇年前後）であると言われる。大江匡房は『続本朝往生伝』において、一条天皇自身が「才学文章」のみならず「紫竹弦歌音曲」に優れており、人材を輩出した時代だったとしている。では彼らはどういう生活を送っていたのか。それに続く大江の文章を読むと、公任や藤原行成など現代にも名を残す文化人公卿の名前を列挙したあと、彼らは「朝には廊廟に抗議し、夕には風月に預参した」と書いている。つまり昼間はまじめに朝廷で政策を議論し、夜は風流に遊ぶことが、理想の時代の生活として語られているのである。なお「風月」は中国では男女関係を意味し、妓楼は「風月所」とか「風月場」とか呼ばれていた。つまり日本の貴族たちは中国の官僚を真似て、仕事が終わると酒と音楽と女性たちがいる場所におもむいたのである。それをあたかも素晴らしいことのように堂々と書くのは、それが「儒雅風流」という理念の実現だと思っていたからである。ではなぜ大江は「風流」の語を使わなかったのか。おそらく「風流」の意味が変わってきたからである。

平安時代になると、男子貴族にとって漢文の読み書き能力が必須となったことや、紙の国産化が進んだこともあって、一気に文献の数は増える。とりわけ漢詩文の愛好者が増えたことから、文芸面での文献に「風流」の語は頻出する。当然ながらそれは中国の文芸にみられる思想を反映したものである。「風流」の用例を精査した岡崎義恵によると、平安時代の使い方として「まず挙げなければならないのは、文雅というような意味のもの」(『日本藝術思潮』)であるという。さらに詳しくみると、「詩文の雅趣」を指すものが多く、ついで清らかな風景美についての形容が多い。さらに自然の中に遊ぶ楽しみを言い、これは山荘や庭園での雅遊をも含むようになる。このあたりは道教思想の影響があるのではないかと岡崎は推測している。けれどもこれは小西が調べた『全唐詩』の「風流」とだいぶ違う。日本の貴族たちの作る漢詩文は、自分の実生活とは無関係に当時中国で評価されていた詩文の勉強成果を披露するものであったが、しだいに手本とする中国での「風流」の意味が違ってきたのだろう。

岡崎が「平安時代の文献に『風流』の語の用いられている例は夥《おびただ》しいが、殆《ほとん》どすべて漢文で書かれたもの」(同)というように、いっぽうで日本語の文章からは「風流」が消えていった。理由の一つは、仮名が発明されたからである。『万葉集』では「みやび」を表すために「風流」と書いていたけれども、平安時代には仮名で「みやび」と書けばすむようになったのだ。

もう一つの理由は、「風流」の語が日本語化して「ふりう」となり、意味が変質していたからである。「ふりう」はときに漢字で「風流」と書かれたけれども、「金銀錦繍風流」(『中右記』)とか「奇厳怪石風流」(同)などと、見た目に派手な装飾や趣向を表すようになり、やがて意味を転じて豪華な盆石のような細工物、祭礼の華やかな傘や鉾《ほこ》の作り物などを「風流」と呼ぶようになっていった。

たとえば『大鏡』にこんな記述がある。後一条天皇が幼いとき、諸臣におもちゃを献じるよう要請があった。人々が「こがねしろがねなど心をつくして」「風流」なものを差し出すなか、藤原行成がコマを持ってきて回してみせたところ、幼帝はこれに夢中になって他のものは見向きもしなかったという。ここで「風流」とは金や銀を惜しみなく使う豪奢な工夫を意味している。もう一つ、やはり『大鏡』に花山院が「風流者《ふりうざ》」だったという記述があるが、その理由は「装い」「車」「くつ」まで「人の見もの」(人の目を集めるようなもの)ばかりだからであった。つまり身ごしらえが上から下まで、そして牛車まで美麗だったので「風流者」と呼んだのである。

やがて「ふりう(風流)」は特別な扮装の集団が踊りながら練り歩くページェントを意味するようになった。盆踊りなど今日の祭りにおける集団舞踊の源流である。それらはまさに非日常的な豪華さによって「人の見もの」だった。人目を驚かすほど華美な、あるいは異様な扮装・装飾という意味での「ふりう」の語は中世にまで引き継がれ、わびさびとは対極の美意識として認識されるようになるのだが、それについては中世の章で述べることにしよう。

じっさい、日本語(やまとことば)で書かれた平安文学をみると、「風流」の語はほとんど見あたらない。『伊勢物語』や『源氏物語』にも、竹取・大和・平中・堤中納言・落窪の諸物語にも、さらに『紫式部日記』をはじめ『土佐日記』・『更級日記』・『蜻蛉日記』・『和泉式部日記』などの日記も同様で、「風流」の用例はない。けれども、これらの文学こそ当時の日本貴族たちの生活スタイルを描写しているものである。そこでしばらく「風流」の語は忘れて、日本語の平安文学にみられる生活のスタイルとその美学をみることにしよう。

2 「雅俗」と古典主義

中村真一郎は『色好みの構造』の中で次のようなアイヴァン・モリスの指摘を引いている。

平安朝文明の、世界の諸文明のなかでの際立った特徴は、その「美の礼拝」にある——つまりすべての諸価値のなかで、特に美が優先する、倫理も真理も、美的基準で計られる。

これは平安朝の人々（貴族だけだとしても）が、恋愛をはじめ生活のあらゆる面で美学を優先したということである。ファッションや立ち居振る舞いや室内装飾だけではない。同じようなことが繰り返される日常生活を切断するように、美を規範とするイベントを次々と導入した。年中行事である。現代の日本でクリスマスやバレンタインやハロウィンなどの新しいイベントが定着したのは、華やかな飾りつけや、手のこんだ包装や、人目を驚かせる仮装など美的な工夫を何日も前からめぐらし、当日は楽しい社交を行う機会であったからだ。昔の年中行事も似たようなものだ。何日も前から衣装や飾りつけなどに工夫をめぐらし、当日は遊宴を行うのがふつうだった。

平安時代の貴族の生活は年中行事に追われていたと言ってもよい。それらはある意味で美を礼拝する儀式でもあった。たとえば天皇が紫宸殿の桜で花見をするとしよう。紫宸殿は御所の中心にあるから、見るだけなら簡単である。少し歩けば左近の桜は目の前にあるのだから。しかしこれが行幸という行事になるとたいへんである。花を見るだけでなく、「花見」という行事そのものが見るべき対象として構築されるからだ。多くの臣下が随行し、誰がどのような衣装でどこに座るかということが儀式的に規定される。たとえば左近の桜の下には左近府の、右近の橘の下には右近府の少年貴族たちが美麗な衣装で立ち並ぶ。それは一幅の絵のようだろう。もちろん彼らがどのような装束をつけ、どの門から入り、どこを歩んでどこに立つかはみな決められていた。貴族の日記には子孫に伝えるためそれが詳細に記録されている。それらの集積がいわゆる「有職故実」となる。このような「花見」はもはや「花の美」を見るものというより、「花見」という題目の演劇なのである。そしてこの演劇のテーマは「美の礼拝」であった。宮廷ではこのような行事が題目をさまざまに変えながら年中行われたのである。そこには視覚的に美しいものだけではなく、音楽や舞踊もあった。もちろん詩歌も。そしてこれらもまた、花見における花同様、美しい作品を鑑賞するというより、みずから美しく行うものであった。つまり美しく場所を設営し、美しい衣装をつけて、みずから奏し、舞い、そして創作し朗詠するものであった。

中村真一郎は先に引用した文に続けて、当時「作歌に練達することが、文明人の不可欠の資格と考えられていた」とし、「すぐれた詩人でなければ紳士とは認められない、という文明社会は、世界史のうえで奇妙な例外だろう」と付記している。もっともこれは「文雅」を重んじた中国文化を手本にしたとみるべきだろう。この文明は支配階級に詩文の知識と制作を求めた。詩文の知識とは要するに古典を暗記することだが、これは自分が詩文を作るときに引用したり、他人の詩文を読むときに引用の典拠を想起したりするためだった。典拠を知らないと意味が理解できないことが多かったからだ。さらに日常会話において適切な詩歌を引用してみせるためでもあった。大声で朗詠することもあったろうし、ほんの一部だけを呟いてあとは聞き手の想起にまかせることもあった。

花見とか送別会とかTPO別に朗詠向きの漢詩と和歌を集めたものがあれば便利だ、という需要に応えて藤原公任が編集したのが『和漢朗詠集』である。詩の発表会ならともかく、宴席などで四句や八句の漢詩一首を全文朗詠するのは長すぎる。和歌の三十一文字に対応する長さは漢詩なら二句であり、そのくらいがちょうどいい。そこで『和漢朗詠集』では和歌は全文掲載されたが、詩は二句だけが摘まれた。それはたいがい作品のサビにあたる対句だった。漢詩集や歌集を読むのが面倒な人（勉強が嫌いな人）はこれさえ押さえておけば間に合うということになり、その後も『和漢朗詠集』は江戸時代まで人気があった。というのも、漢文（中国語）の読めない人でも、二句だけを訓読（日本語）で覚えておけば、教養としてまず十分だったからだ。もちろん朗詠は訓読で行われた。

たとえば「山家」のテーマでは、白居易の「廬山草堂雨夜独宿」があげられている。この詩は八句から成るが、次の三・四句だけが採られた。

蘭省花時錦帳下　（蘭省の花の時、錦帳の下《もと》）
廬山雨夜草庵中　（廬山の雨の夜、草庵の中《うち》）

知識人ならその前後の句も覚えておく必要があるだろうが、一般には詩の内容が「友人たちはエリート官僚としていまごろ花咲く都の豪華な部屋で宴会してるだろうに、自分は田舎にとばされて、雨の夜ひとりあばら家にいる」とぼやいているのだとさえ知っていればよい。そして山の中の生活とか左遷された友人が話題になったとき、すかさずこれを朗詠すれば、気の利いた文化人の顔ができたわけである。詩の内容は情けないというか、わびしいものだが、言葉の形式は美しい。「蘭省」と「廬山」、「花の時」と「雨の夜」、「錦の帳《とばり》」と「草の庵」、おまけに「下」と「中」まで対句になっている。そして絢爛たる館での華やかな人生と、寂しい住まいでの不遇な生活とのイメージが同時に鮮やかに浮かぶ。現在の自分たちの話題が、いっきょに古典の美しい世界に結びつけられる。言い換えれば、古典の事例を典型として引用し、それに似た事例として現在を見ることで、現在の自分たちの話題を古典的風雅の一例とみなすのである。

これはことわざの機能に似ている。たとえば肝心の時に失敗した人に対して「あわてる乞食はもらいが少ない」と言えば、「君はほんとうはできる人なのに、あせってしまったね」という意味になる。「蛙の子は蛙」と言えば「お前がダメなのは、親の遺伝だから直らない」という意味になる。「弘法も筆の誤り」と言えば「どんなに完璧な人でも時には失敗するさ、君がダメなせいじゃない」という意味になる。私たちはある種の典型事例としてことわざを使用し、それに似た事例として現在の状況を解釈しているのである。

平安朝の文化人が古典文学の知識を必要としたのは、古典の世界になぞらえて現在を解釈してみせるためだった。なぜそんなことをしたのか。彼らには「雅俗」という美学的基準があったからだ。もともと日常生活は俗なものである。だから実生活を題材にした詩歌は俗になりやすい。ではいかにすれば「雅」になるか。古典のイメージを重ね書きすることによってである。「みやび」の語源は「宮び」であったが、やがて「雅」の文字があてられるようになった。それは美学の基準が「宮び」か「鄙び」かではなく、「雅」か「俗」かに移ったということである。「鄙び」は田舎風ということである。では「俗」とは何か。藤原俊成がある和歌を「俗」と批判したことがある。その理由は、使われている語が現代のものだということであった。つまり新しい言葉は「俗」だったのだ。その子定家もまた和歌には「古き詞」を用いよと教えている。ただし古ければなんでもいいということではなく、『古今集』など古典となった和歌で使われたものに限られるという。和歌は「雅」でなければならないが、それを実現できるのは古典の言葉だけだという考えがここにある。

この古典主義は有職故実という思想にも表れている。祖先の記録した瑣末な作法を貴族たちが厳密に再現しようとしたのは、それが正しい「雅」の継承とみなされていたからだ。新しいものが古いものより進んでいていいなどと考えるのは近代以降の思想であって、日本も中国も、古代に実現していた理想形を再現することが正しいことだと考えていた。だから今日「明治維新」と私たちが呼んでいる運動は、幕末では「王政復古」と呼ばれていた。古代の復元と言わなければ多くの日本人は共感してくれなかったのだ。

こうしてモリスの言う「美の礼拝」は「雅俗」という規範に基づく実践であり、「雅」の理想は古典にあるため、貴族たちの行動はそれを意図的に引用し、再現しようとする古典主義となった。もちろん彼らの日常生活は、行事のような儀礼でなければ、恋愛とか宴会とかの社交が中心であったが、たあいもない冗談でさえ古典の引用を踏まえて行うのが機知のきいた振る舞いとして評価された。それが「みやび」だったからである。

3 『伊勢物語』の「みやび」

『伊勢物語』の第一段をまず意訳しつつ引こう。

昔ある男が元服したばかりのとき、旧都奈良の春日の里に狩にでかけ、ふと垣根の隙から美しい姉妹を見て心が揺らいだ。男は着ていた狩衣の裾を切りとり、歌を書きつけて贈った。狩衣

は紫草を染料にした信夫摺《しのぶず》りという方法で染めてあった。そこで
春日野の若紫のすり衣　しのぶの乱れかぎり知られず
〈春日野の若く美しいあなたを見て、私の心はこの信夫摺りの衣のように限りなく乱れていま
す〉
こう大人っぽく言いかけた。たまたま着ていた狩衣から、『古今集』の「みちのくのしのぶもじずり誰ゆゑに乱れ染めにし我ならなくに」〈陸奥の信夫摺りが乱れているように私の心が乱れているのはあなたのせいです〉という歌を利用したわけだ。この人は元服するなりすぐにこんな「みやび」をしていたのである。
「大人っぽく」と訳した原語は「老いづきて」である。この言い方には、まだ子どもなのにという皮肉なニュアンスがある。当時元服の儀式が執り行われる時期は、だいたい今の中学生くらいであった。だから元服すれば形式的には一人前だが、誰も実質的に大人とは思っていない。ところがこの少年は元服の儀式を終えたとたん、すぐに大人の真似をして女を口説いている、と呆れているのか感心しているのかわからないが、とにかく凡人ではないと言いたいのだ。
大事なことは、この振る舞いが「みやび」と呼ばれていることである。つまり貴族の大人に要請

されている生活のスタイルに「みやび」があり、業平も元服するやただちにそれを行ったということが物語の冒頭で示されているのだ。ではこの第一段で示されている「みやび」の特徴はどのようなものだろうか。

第一に「色好み」と呼ばれる行動である。とりわけ都人が狩猟や旅行などで田舎へゆき、そこで現地の魅力的な女性に出会うというのは、前章の『万葉集』にもあったように、一つの定型であった。これが近代なら先進国の男が後進国へ行って現地の女性と結ばれるというパターンがあるが(『蝶々夫人』など)それと似たようなものだろう。ただし女の魅力に負けて積極的にアプローチするというだけでは十分ではない。問題はそのやり方である。田舎の男たちにはできないような「みやび」なものでなければならない。

そこで口説き方に優雅な演出が必要となる。ここでは二つの趣向がある。一つは歌を詠みかけること。もう一つは自分の狩衣を切り取るという行為である。歌のほうは狩衣の信夫摺りを利用して『古今集』の古歌を踏まえたもので、優雅な出来といってよい。受け取るほうに古歌の知識があったかどうかはこのさい問題ではない。

狩衣のほうだが、これを実用本位のアウトドア衣料と思ってはいけない。額田王の歌が詠まれた薬猟もそうだったが、狩猟というのは華麗なファッションの見せ所なのである。平安中期の成立と言われる『宇津保物語』にも公達の鷹狩りの装束を「赤き白橡《しらつるばみ》の地摺りの、摺り草の色に糸を染めて、形木の文を織りつけたる狩の御衣《おんぞ》、折鶴の文の指貫、綾、掻練《かいねり》の袿、袷の袴、豹の皮の尻鞘《しざや》ある御佩刀《みはかし》」と詳しく描写しているように、それは見物の細かな鑑賞を予想したファッションショーだった。唐詩にも狩をする少年たちの美麗な衣装を記述するものがいくつもあるから、これは日中の文化的慣習といってもよい。狩猟は自分だけが楽しむスポーツではなく、多数の見物をも楽しませるイベントだったのだ。その華やかな（そして高価な）狩衣をびりびりと裂くのだから、これは効果的なパフォーマンスである。田舎者にはできそうもない振る舞い、というところが「みやび」なのだろう。

さて前章の風流と比べるとき、一つ大きな違いがある。風流は宴席の座興としての恋愛ゲームだったのだが、『伊勢物語』の著者は業平の行為を座興ではなく、人生の中の私的な事件として語っていることとである。姉妹を見かけたのは宴席ではない。「垣間《かいま》見てけり」というのだから、屋内の姉妹を何かのすき間から覗き見したのである。「みやび」はもはや天皇や貴族らの居並ぶ公的な場での振る舞いではなく、私的な生き方のスタイルの問題となったのである。

4 「美の礼拝」と色好み

じつは『伊勢物語』でも「みやび」の用例は右の一回だけである。『源氏物語』には「みやび」と「みやびか」が数例あるが、優雅とか華やかといったニュアンスで、必ずしも「色好み」の意味はない。その他『紫式部日記』とか『土佐日記』・『更級日記』・『蜻蛉日記』・『和泉式部日記』、そして竹取・大和・平中・堤中納言・落窪の諸物語も同様で「みやび」はどうやら見当たらない。『枕草子』にも「みやび」という単語はないが、「みやびかなり」(八二段)は一例ある。ただしこれは元気な物乞いの女の形容で、下層の者が「みやび」に見せかけようとしているのを皮肉った言葉である。

それでも『枕草子』は、「みやび」に当たる生活の美意識の資料として読むことができる。平安時代の宮廷において上流階級の男女がどのように交流していたかの記録だからである。むろんその視点は女性、それも中宮付の女官という立場に限定されているが、当時の宮廷人たちが生活の何に価値を置き、いかなる振る舞いが高く評価されたかがわかる。なにしろ枕草子は清少納言の自慢話であるため、ここに書かれていたことは当時の貴族社会で評価された事例集とみることができるからである。

ここでは一つだけ、『枕草子』七七段(新潮社版。七八段とする版もある)のエピソードを紹介しておこう。登場する藤原斉信《ただのぶ》は俊才の聞こえ高く、藤原公任・行成や源俊賢らとともに一条朝の四納言と呼ばれた。官吏としては藤原道長にも篤く信任され、公任から妬まれるほど出世も早かった。社交界では漢詩・和歌・管弦に通じる文化人であり、当時二九才、頭中将であった。おそらく女性たちの注目を集める花形の一人だったろう。

ある雨の夜、斉信は宿直で遅くまで宮廷内にいた。そこへ六位までの若い官僚たちが集まり、いろいろな話で盛り上がった。やがて斉信は最近清少納言と絶交状態になっていることを話題にした。

「向こうから何か言ってくるかと待っているのだが、まるで知らぬ顔をしている。今夜こそ決着をつけたい」。こういう時どうするかといえば、もちろん手紙を書いて渡すのである。その返事によって態度を決めようというわけだ。問題は何と書くかである。斉信はそれをみんなに相談したのだ。最終的に決定したのは白居易の詩の一句である。

「蘭省《らんせいの》花《はなの》時《ときの》錦帳《きんちょうの》下《もと》」

これに「末は、いかにいかに」(下の句はどうつづけますか)と書き加えた。「いかに」を繰り返すところが厳しい催促である。

この一句は前に紹介したように、白居易の詩「盧山《ろざん》の草堂夜の雨に独り宿す」にある。左遷された白居易が都で出世しているかつての親友たちに寄せた詩で、あんなにいつまでも一緒と固く誓ったのにと恨みがましく始まり、どうせ人生虚妄だから栄枯なんて関係ないやと開き直って終わる。その第三句が「(君たちは)蘭省の花の季節に、錦の帳の下にいるんだね」というもので、斉信はこれを引用したのだ。「蘭省」は「尚書省」のことで、政府の中心的官庁。エリートのための華々しい部署である。これにつづく第四句は「盧山の雨の夜草庵の中」で、自分のほうは雨の夜に盧山の粗末な家にいるよと運命を対比している。

これはいうまでもなくテストである。斉信たちはどのような答案を期待していたのだろうか。もし文字の上だけを読んで「華やかな生活でいいですね」みたいなことを書いてくれれば、それは原詩を知らないということだから、馬鹿にすればいい。「ぼくは雨の夜に友に見放された白居易の心を思いやっていたのに、彼女はまるでお気楽なんだから」とか、いくらでも言える。もし「廬山雨夜草庵中」と七字だけを書いてくればいちおう正解だが、気が利かない。そこに一言なにかを添えなければならない。斉信を蘭省のエリートに見立てるのか。雨の夜の白居易に見立てるのか。かつての友人と連絡の絶えた白居易を、斉信と自分の関係にうまく重ね合わせることができるのか。

斉信は青色の薄紙（高級紙）に美しく書きあげ、召使にすぐ返事を貰ってこいと言いつけた。一同息をつめる思いで待っていただろう。ところが使者は手ぶらで帰ってきた。「あとで読んで返事をくださるそうです」という。斉信は「なにやってんだ。とっつかまえて、無理にでもいま返事を貰ってこい。さもなければ手紙を取り返してこい」と使者を降りしきる雨の中へ追い出した。するとすぐに帰ってきて「これです」と言う。見ると、さっき渡した紙だから「返してきたのか」と思った。だが開いて見た瞬間、斉信は叫び声をあげた。「なになに」「どうした」とみなが集まって見ると、紙の末尾に一言「草の庵を誰かたづねむ」とあった。それも筆ではなく、消し炭で書いてある。たぶん手近の火鉢から拾ったのだろう。そして斉信は「とんでもない盗人だ。これだからあいつと縁を切れないんだよ」と言った。

清少納言はもちろんこの詩を知っていたのである。だが「廬山雨夜草庵中」とは書かなかった。ただ「草の庵」だけですませた。これはテストだということは明らかだ。とすれば必要なのは、ただ「知っている」ということの証明である。それなら、ちらりとほのめかすだけでよい。和歌でも有名な歌を引用したいとき、一部だけ呟いてあとは言わないというやりかたがある。それで教養人どうしなら通じるからだ。それと同じである。同時にこれは「こんな有名な詩を知らないわけないでしょう。あなたの問題はやさしすぎるよ」という意味でもある。

斉信は最高級の紙に美しく文字を書いた。対して清少納言は来た手紙の隅に、ありあわせの消し炭で書いた。斉信の行為が貴族的な華やかさをもつのに対し、清少納言の行為は貧しい者の侘しさをもつ。それはちょうど「蘭省花時錦帳下」と「廬山雨夜草庵中」との対比にあたり、対句の性格をもつ。だから「末は、いかに」という対句の後半への請求に対し、文章だけでなく文字の書き方においても完璧に応えているのである。

「草の庵を誰かたづねむ」〈こんなわびしい家を誰がたずねてくるでしょう〉という句は、訪ねてこなくなった男を待ちつづける女という常套の設定を思い出させる。つまり清少納言は斉信を捨てた男に見立て（言い換えれば関係の切れた責任を斉信に押しつけ）、「私のほうはしおらしく待っているのに、そっちが来てくれないんだから」と関係修復の提案をしたのである。

これだけでも見事な応答で、斉信が感嘆したのも無理はない。だがこの句にはもうひとつ仕掛けがあった。それは斉信が「盗人」と叫んだ理由にある。じつは「草の庵を誰かたづねむ」は清少納言のオリジナルではなかった。斉信のライバル藤原公任の句である。それも『公任集』によれば、これは連歌のための出題であった。この句を下の句として、上の句を求めたのである。清少納言は公任の句をまるまる借用しているわけだが、それが「盗人」の理由ではない。もともと斉信のほうも白居易からの借用である。当時古典の漢詩や和歌からその場に最適の句を借りてくるのはふつうだったから、そんなことは問題にならない。問題は、これが連歌のための出題であり、この下の句（末）は上の句（本）をつけること相手に求めているということである。斉信側が「末は、いかにいかに」と催促したのを鏡のように跳ね返して、今度は斉信に「本」を付けるよう催促したのである。じっさいに書いてはいないけれども、「本は、いかにいかに」という文字が目に浮かぶようだ。立場の逆転である。だから斉信は「とんでもない盗人だ」と言ったのである。

斉信たちは夜が更けるまで上の句を考えた。だが結局よい案が浮かばず、「これは返信する必要があるのだろうか」「つまらない句を返してはむしろ恥ずかしいだろう」などと言いあって、結局上の句を返すのはとりやめになった。彼らはグループで清少納言一人に敗北したのである。精一杯の抵抗は、いやがらせを言うことだった。

翌朝清少納言が自分の部屋にいると、斉信の仲間の一人である宣方が「ここに『草の庵』はいますか」とやってきた。「草の庵」とは粗末な家という意味だから、「そんなみじめな呼び方、やめてくださいよ。むしろ『玉の台《うてな》』とか言ってくれません？」と出ると、彼は昨夜の斉信たちの話を詳しく語ってくれた。そして「これはもう後世までの語り草とみんなで意見が一致しました」と伝えたあと、「というわけで、これからあなたのお名前は『草の庵』になりましたから」と言うなり急いで立ち去った。清少納言は驚いて、そんなひどい名前が後世に残ったらどうしようと書いている。

じっさい、光源氏と若紫（紫の上）の物語を書いて評判になった女房のいるあたりで、公任が御簾の外から「このへんに若紫はいますか」と声をかけ、以後彼女の呼び名が「紫式部」になってしまったという例もある。宣方を使った斉信たちのいやがらせが冗談でなかったら、『枕草子』の作者の名前はいま「草少納言」だったかもしれない。

その後中宮から「ちょっと来て」と召されたので、清少納言が行ってみると昨日の件の話だった。中宮は一条天皇から聞いたらしい。宮中で話の伝わるのは早いのだ。天皇は笑いながら話をしてくれたという。「男たちはみんな扇に『草の庵』って書いて持ってるんですって」。天皇まで冗談を言ったらしい。

これは清少納言の自慢話ではあるけれども、当時の宮中での社交スタイルを物語っている。まず基本教養として古典の、とりわけ和歌の（男性ならば漢詩も）知識が必須だった。そしてそれを時宜に応じて利用できなければならなかった。それが宮廷風（宮び）であることの最低ラインであった。

次に社交は和歌などの詩歌を交えた形式で行われるけれども、同時にそれはただ言いたいことを伝えるだけではなく、ウイットがなければならなかった。というのも、この社交は公開の場で行われるものだったから、第三者を感心させる必要があったからだ。手紙を書くにも大事なときは友だちとみんなで考えた。受け取ったほうもそれを回覧するのがふつうだった。つまり社交は、たとえ恋愛であれ、観客の前で行われるゲームであった。そしてそのゲームは、もはや宴席という時間と空間の限られた場ではなく、社交界というもう少し広い場と時間の中で行われ、このため和歌のやりとりにしても料紙や筆遣いやたきしめた香などが評価対象に加わった。

『万葉集』の風流が公的な宴席での遊びだったとすれば、『枕草子』の描く社交は私的な日常生活に属する。ただその私生活は公開され、天皇の耳にまで入ることが予想されていた。つまり貴族の「宮び」な私生活は天皇を含む宮中全体にまで浸透していたのである。それは中村真一郎風に言えば、「美の礼拝」という文明が「色好み」という形をとって宮廷を覆っていたということである。

5 「すき者」と好色

万葉期の「風流」の語は平安時代になると意味が変質して見た目の「華美」を表し、「みやび」の語もほとんど使われなくなった。ただ実質的に「宮び」(宮廷風・知的・洗練・美麗)は貴族たちの生活規範の一つとなっていた。そしてそれに代わるように新たな言葉が登場する。「すき」である。

「すき」とはもちろん「好き」のことである。「数寄」とか「数奇」と書くのは後代の当て字である。仕事や義務ではなく、よけいなことに心を奪われ、身を入れてしまうことを指す。今で言えば趣味や道楽、あるいはマニアとかおたくということになろう。だが当時はとりわけ男女関係に熱心なことを指したようである。つまり「色好み」である。少し用例を見よう。

まず『源氏物語』を見ると「すきもの」「すき心」「すきごと」などが目につく。これらは「好色な人」「好色な心」「好色なこと」と解して差し支えない。おそらくいずれも一条朝の宮廷界隈では珍しくないものだったろうし、ほめ言葉ではないとしても必ずしも蔑視や嫌悪の意味はない。なにしろ「すき者」の代表といえる光源氏があれほど愛されたのだから。ただし「すきずきしさ」とか「すきがましき」となると、「すき」がいささか度を越して下品という批判的ニュアンスをもつ。じつは紫式部自身が「すきもの」と呼ばれたことが『紫式部日記』に記されている。

『源氏物語』が中宮様の前に置かれているのを見た藤原道長殿が、いつもの気楽なおしゃべりのついでに梅の枝を置いた敷紙を取り、「すきものと名にし立てれば見る人の折らで過ぐるはあらじとぞ思ふ」〈あなたは「すき者」で有名だから、来た人はみんなあなたをものにしていくんでしょうね〉と書いて渡してきた。私は「人にまだ折られぬものを誰かこのすきものぞとは口ならしけむ」〈まだ男の人に身を許したことがないのに、いったい誰が「すき者」だなんて言いふらしたんでしょう〉という歌を書き、「ひどい」と一言つけて返した。

当時歌を送るときに、何かの花や木の枝を添えることはよくあった。その花や枝は歌の解釈のヒントだった。梅の枝を置いた紙を取ったということは、「すきもの」が「酸きもの」つまり梅と、「好き者」つまり好色な者の二つの意味をかけているということである。だから二つの歌は、表面的には「この梅は酸っぱいので評判だから、見に来た人はみんな枝を折って帰るようだね」「まだ誰も折った人がいない梅なのに、どうして食べもせず酸っぱいなんてわかるんでしょう」というやりとりにも読める。即興の和歌の応酬としてはみごとなもので、わざわざ日記に記録するだけの価値はある。ただしこの二重性は和歌につきものの趣向であって、本意は梅に引っかけて紫式部を「好き者」扱いすることにある。もちろんこれは道長の冗談であって、居合わせた誰も本気にはしていなかったろう。そうでなければ日記には書かない。ここからわかることは、やはり「好き者」という評判を立てられることは、男性にとってはともかく、当時の女性にとって迷惑だったらしいということである。「好き者」としか言いようのない光源氏を主人公にした小説を書きながら、作者自身が自分は違うと主張しているのだから。

じつは紫式部と藤原道長は愛人関係にあったとされる。そこで、この歌は式部に気のあった道長が「付き合ってる相手はいるのかい？」と問いかけ、式部が「誰もいませんよ」と答えて暗に「恋人募集中です」との意を伝えたものであり、これを確かめた道長がその後式部に接近したのだという説もある。面白いが、人前での歌のやりとりは座興であって、ほんとうのことなんか言うわけがないから、ちょっと無理がある解釈だろう。道長は「例のすずろごとどもいできたるついでに」この歌を書いたとある。彼は自分の娘である中宮のもとへよく立ち寄っては女房たちとむだ話を楽しんでいたのだ。そしてある日、当時「すき者」の生態を描いたものとして有名だった『源氏物語』が娘の前に置かれているのを見て、その作者にちょっとからんでみたのだろう。それは紫式部一人に向けられたものというより、その場のみんなを意識した冗談である。もちろん式部の返歌もその場の全員を聴衆として意識したものである。それは歌の贈答の形式をとったパーティー・ジョークである。あるいは、ひょっとしたら既に二人は愛人関係にあり、みんなそれを知っていたかもしれない。とすれば、この歌の贈答は「私なんかまで相手にするんだから、君はよほどすき者なんだね」「えーっ！　私は男の人と付き合ったことなんてありませんよ。そんな自分は知ってるぞみたいなことを言わないでください。ほんとにひどい」という意味になる。すっとぼけた紫式部にみんな大笑いしたことだろう。

『枕草子』になるとなぜか「すき者」とか「すき心」が見当たらないかわり、「すきずきし」という言葉が多い。「すきずきしう」から始まり、「すきずきしきわざ」「すきずきしき心」さらには「すきずきしき下種」というのまである。これらはいずれも「好色」ではあるが、そのレベルが露骨で下品というニュアンスがある。清少納言は好色な人物を取り上げるとき、彼らを笑うべき存在として描こうとする悪意があったようだ。

当時の「すき者」は必ずしも悪い意味を負っているわけではない。『伊勢物語』に「すき者ども集まりて歌よみけるに」とあったり、『大和物語』に「歌をなむよむといひてすき者ども集まりて」とあるのをみると、歌の好きな趣味人が集まって歌会を開くとき、かれらを「すき者」と呼んだようだ。ここには詩文を好むかつての「風流」の語の面影がある。

『古今著聞集』に「能因はいたれるすきもの」という記述がある。彼は和歌に執着するあまり奇矯な行動をしたことで知られる。「いたれるすきもの」（すき者の極致）とは、彼の歌好きがふつうのレベルを超えてマニアックだったということである。「歌狂い」と言ってもいい。こうなると「すきもの」から好色という意味はほとんどなくなる。代わって「好き」の度が嵩じて生活のスタイルが世間の標準から逸脱してしまうという意味が出てくる。それは「すき」が趣味や道楽にとどまらず、人生を決定するほどのレベルになることを示唆している。じつは中国最初の近代的辞典とされる『辞源』によると、古典にみられる「風流」の用例にも「普通の人と違う」(「異於衆」)とか「精神が特異」といった意味があった。とすれば「歌」の世界にはまりこむあまり世間の外へ出てしまうような生き方は、超俗・特異という意味での「風流」であるとも言える。つまり「歌すき」であることが、ちょうど近代の芸術家のように、凡俗な社会の外部で生きる一つのスタイルになるということである。ここに「すき」が中世の「数寄」へつながるルートがある。

Ⅳ 数寄と道

1　歌人たちの花見

源平の争乱が終わり、幕府が鎌倉に設置されても、なお文化的には京都の宮廷が中心だった。貴族たちは経済的に衰えつつも、なお王朝の文化を維持していた。いや意図的に維持しようとしていた。一二〇一年に後鳥羽院が宮中に和歌所を復興して勅撰和歌集を編むことを命じたのも、そのあらわれだろう。和歌所とは臨時の役所で、主に勅撰和歌集編纂にあたる。そのメンバーは「寄人《よりうど》」と呼ばれ、和歌に関しては時の最高の顔ぶれが選ばれる。その和歌所の寄人たちの花見の記録を紹介しよう。場所は御所の紫宸殿である。当時の宮廷人たちの風雅な振る舞いがどんなものかを知るのにはよい事例だろう。さいわい公家の日記に詳細な記録がある。

この花見は一二〇三年（建仁三）の春に行われた。編纂を命じられた勅撰集は、一二〇五年に『新古今和歌集』として一応の完成をみた（一応というのはその後も改訂が重ねられたからだが）。だからこの花見の時期は編集作業が佳境に入ったころで、寄人たちは頻繁に会合を重ねていただろう。けっこう激しい議論もあったようだ。なにしろ勅撰和歌集というのは後代に遺ることが約束された特別な存在である。三〇〇年前の『古今和歌集』がすでに不朽の聖典の地位を獲得していたように、この歌集も聖典になるかもしれない。いや『新古今和歌集』という命名をみると、むしろ『古今和歌集』にとって代わる新しい聖典にしたいという意気込みさえあったかもしれない。後鳥羽院から「馬でも鹿と言い張る」と呆れられた藤原定家の論争ぶりをみると、会議はそうとう荒れることもあったようだ。彼らはある意味まじめに「儒雅」をやっていたのである。寄人たちの中で議長的な役割を任されていた源家長が花見を企画したのは、メンバーの親睦の意味もあったかもしれない。

家長の日記によると、ことのいきさつはこんな具合である。のどかな春のある日、和歌所の人々がたまたま家長の家に来あわせた。そろそろ桜の季節も終わりだなという話になり、紫宸殿の左近の桜が散らないうちに花見をしようということになった。そこでただちに牛車二両に分乗して御所に向かった。彼らは紫宸殿の縁側に座を占め、家長は用意の酒と盃を取り出して宴会となった。花を見に来ていたのは彼らだけではない。すでに僧侶の集団が来ていたし、おしゃれをした女房も大勢行き来していた。そういうところへ著名な歌人の一団がやってきたのだから、当然反応は大きい。女房たちがひそひそ話し合ったり頷きあったりしていたかと思うと和歌を書いて持ってくる。添削をしてくれというのではない。歌の形で何かを言いかけてくるのである。それも一人ではない。あちらからもこちらからも歌を持ってくるという状態であった。それにはむろんは歌で返事をしなければならない。このような男女の社交が当時の花見の楽しみのひとつだったのだろう。歌を詠みかけられれば彼らは即座に気の利いた返歌をして、さすがと言わせたことであろう。

彼らは階段のあたりに座って「連歌」という和歌の即興共同制作などして楽しんでいたが、やがてせっかくの花見であるから、花の歌を詠もうということになった。たちまち各自歌を詠んだのだが歌を記した紙を載せる文台がない。そこで桜を一枝折り、その上に歌を置いた。御所の桜を折るとはずいぶん大胆な行為だが、彼らには許されるという自信があったようだ。このときの定家の歌は仲間たちに好評だった。だがこの話はあとにまわそう。

やがて陽も落ち帰ろうとするところへ、一人の女房がさし寄って「花を一枝折っていただけませんか、私たちが折ると咎められますので」と言ってきた。彼らがさっき桜を折ったのを見ていたのだ。すると中原宗安が「折れといはばいともかしこし桜ばなあかぬ匂ひを風にまかせて」〈ご命令とあらば謹んでその通りにいたしましょうが、ここは風で運ばれる匂いでがまんしなさい〉と歌でいなした。これに対する女房の返歌は残念ながら残っていない。家長は「返歌もあったのに、忘れてしまったのが口惜しい」と書いている。

宗安の歌については説明がいるだろう。これは「鶯宿梅」の故事を踏まえたものである。村上天皇のとき清涼殿の梅が枯れ、代わりが京中で探されたがなかなか良い木がない。ついに古い屋敷に見事な梅があるのが見つかり、これが内裏に移し植えられた。天皇が見ると枝に歌を記した紙が結んであった。

勅なればいともかしこし鶯の宿はと問はばいかが答へむ
〈勅命とあれば謹んで梅を献上致しましょうが、もし春にいつもの鶯がやってきて私の宿はどうなったのかと聞かれたらどう答えましょうか〉

天皇が屋敷の主人は誰かと調べさせると紀貫之の娘であった。天皇は梅を元の屋敷に返し、この梅は「鶯宿梅」と呼ばれるようになったという。要するに宗安は女房の言うなりに枝を折りたくなかったのだが、野暮に断りを言うのではなく、「仰せとあれば謹んで」と相手に従うふりをしながら暗に「わがままな注文ですね」と咎めたのである。むろん本気ではない。優美な言葉遣いで相手に言いがかりをつけたり、お返しに逆ねじをくわせたりするのは一種の知的なゲームであり、当時の男女の社交のお約束であった。さらに下の句は「飛梅」の故事を踏まえる。菅原道真が大宰府に左遷されたとき庭の梅に「東風《こち》ふかば匂ひおこせよ梅の花あるじなしとて春を忘るな」〈梅の花よ、東風が吹いたらお前の匂いを西の大宰府まで届けておくれ、私がいなくなっても春を忘れず花開くのだよ〉と詠みかけたところ、この梅が道真を追って京から大宰府に飛んで来たという伝説である。つまり「あれほど梅を愛した道真公でさえ風が送ってくる匂いで我慢しようと思ったのだから、あなたも枝を持って帰ろうなんて考えるのはおよしなさい。ひょっとしたら桜の方からあなたのところへ飛んでくるかもしれないし」と軽口を叩いたのである。宗安の歌はこれらのエピソードとその中心にある歌とを知らなければ、その意味するところがわからない。けれども当時は共通の知識である故事を踏まえて気の利いた歌をつくることが、まさに知的で洒落た振る舞いであったのだ。それに、おそらく女房は桜の枝が欲しかったのではない。歌所の連中の腕前がどんなものか試そうと同輩たちと相談し、ちょっと絡んでみたのであろう。もし寄人の誰かが枝だけを折って与えたら、野暮な奴だと笑われただろう。歌の一首も詠んで枝に添えねばならない。女房にしても、そこでただ「ありがとうございます」と言って受けとるだけでは子どもの使いになってしまう。当然返歌をしなければならない。つまり桜の枝を求めた女房は、どのような歌が来ても即座に返歌できるという自信があったはずである。だから彼女が枝を求めたとき、周囲はこれは面白いことになったと、その後のやりとりを見守ったに違いない。はたして宗安がわざと枝を折らず機知に富む反応を返した。これに対して女房も即座に歌を作って返した。家長が日記に「忘れてしまったのが口惜しい」と残念がるほどだから、これも当意即妙の歌であったのだろう。もちろん廻りでは官人や女房がこの応酬を見物していたであろう。

さてこのあと一行は内裏を後にするのだが、ここから先は原文を引こう。

弥生の十日あまりの月はなやかにさしいでてまかりかへる。「たつ事やすき」とたれもたれも思へるに、かことがましきまで花はこぼれおつ。月花門のほとりに笙のふえをふきならしたりしかば、ふえをとりいでて吹きあはす。少将雅経のひちりきふき、おのおのしゃうがして、建春門よりいでて、待建門よりおのがじし余波《なごり》をしみてまかりかへりにき

「たつ事やすき」をまず解説しておこう。これは『古今集』春の部にある凡河内躬恒《おおしこうちのみつね》の歌である。

けふのみと春をおもはぬ時だにも立つことやすき花のかげかは

〈春は今日で終わりだと思わないときでさえ桜の下は立ち去りがたいものなのに、まして今日は春の終わりだ〉

これを踏まえて右の記述を現代語訳すれば、次のようになる。

「三月一〇日あまり、満月も近い月がはなやかに空にのぼり、誰もが去りがたい思いを抱きつつ立ち上がると、桜はもう行くのかと恨むように散る。月華門のあたりで誰かが笙を鳴らし始めたので、自分も横笛を取り出して合わせる。すると雅経も篳篥《ひちりき》を吹く。あとの者は口で旋律を唄う。建春門を出て、待建門からそれぞれ名残を惜しみながら家路についた。」（月華門は紫宸殿前の庭からの退去口。建春門は天皇の居所である内裏の東門。待建門は大内裏つまり内裏や役所を含む宮城域の東側の門の一つ）。

このエピソードには文学も音楽も酒も女性との交遊もある。まさに風流な出来事である。だからこそ家長は詳しく記録したのだろう。しかもこれには後日談がある。

2　後鳥羽院の花見

その夜後鳥羽院は噂を聞き、夜更けにもかかわらず家長を仙洞（院の居所）へ召して花見のいきさつを報告させた。「誰か心にとまる歌を詠んだものはいたか」と聞かれた家長は、定家の歌を挙げた。院は「誘われなかったのは残念だ」と笑ったという。院と近臣とのうちとけた関係が想像される。そしていきなり「羨ましい。自分も明日花を見に行こう」と言い出したのである。突然の内裏への御幸である。まわりは大慌てになる。夜のうちに供奉すべき人々に知らせを送る。院は内々にと言ったが、朝から馬や車が通りを数多く行き違う。翌日午の刻（一二時）に御幸。若い最高権力者の来臨に、内裏ではもちろん女房たちが大騒ぎ。家長は院から静かにさせろと申しつけられ、女房たちにこう五七五で言いかけた。

「花ながらしばしな散りそ木のもとを」〈花のような方々よ、散りかかりたい気持ちはわかるけれども、しばらくそちらに控えていてください〉

するとと女房の一人が「言はではありと甲斐やなからん」〈だって折角院がおいでになったのに、何も言わないのではここに居る意味がないでしょう〉と七七で答え、手に持っていた山吹の花を家長に渡した。

この振る舞いは大江匡房の「くちなしの色とぞみゆる陸奥《みちのく》のいはでの里の山吹の花」を踏まえている。歌の意味は東北の岩手の里の山吹はくちなしの花の色に似ているというだけの単純なものだが、「言はで」と「岩手」、花の「くちなし」と「口無し」が掛詞になっているのが趣向である。そこで女房はたまたま持っていた山吹を、「くちなし」（口なし）の色をした「いはで」（言はない）の里の山吹に見立てたわけだ。みごとな即興の連歌である。

後鳥羽院は桜の下にひとびとを召し寄せ、花も残り少なくなったと言いながら硯や紙を持ってこさせた。各々歌を詠むよう仰せがあり、人々に紙が配られた。そして昨日のように桜の一枝を折って文台とし、めいめい作った歌をその上に置いた。院の歌は次のようなものであった。
「天津風しばし吹きとぢよ花桜雪と散りまがふ雲のかよひぢ」〈空吹く風よ、雪のように散りゆく桜の花の通り道である雲の隙間をしばらくのあいだ吹き閉じて、花をどこへもやらないでほしい〉
言うまでもなく、僧正遍昭（良岑宗貞《よしみねのむねさだ》）の「天津風雲のかよひぢ吹きとぢよ乙女の姿しばしとどめん」（『古今集』）を踏まえている。このように歌の半分くらいを古歌の引用でまかなうのは「本歌取」と呼ばれ、当時はやった手法である。
この急な花見に摂政の藤原良経は政務があって参加できなかった。後鳥羽院は花見のあと地上に散り落ちた花を集めて硯の蓋に盛り、良経邸に遣わした。これには次の院の歌が添えてあった。
「今日だにも庭をさかりとうつる花消えずはありとも雪かとも見よ」〈今日のうちにも花の盛りは枝の上から庭に移ってしまうだろう。雪と違って融けて消えるものではないけれども、庭の雪と思って見てほしい〉
これは二つの歌を踏まえている。一つは藤原実能《さねよし》の「けさ見れば夜の嵐に散り果てて庭こそ花の盛りなりけれ」（『金葉集』）で、夜の嵐がすっかり盛りの花を散らしてしまい、今朝は庭が花の盛りになっているというもの。もう一つは在原業平の「今日来ずは明日は雪とぞ降りなまし消えずはありとも花と見ましや」（『古今集』）で、今日見に来ないと明日は雪のように散ってしまうぞ、雪と違って消えはしないけれども、もう花見にはならないよ、という花見への誘いの歌である。

これに良経は返歌を送った。
「誘はれぬ人のためとや残りけん明日よりさきの花のしら雪」〈明日を待たずに散ってしまったこの花は、誘われなかった私のために消えずに残ってくれている白雪でしょうか〉
これもまた風流なやりとりである。のちに良経はこの歌を新古今集に入れるよう頼み込み、院の歌とともに一対の贈答歌として春の部に収められた。後鳥羽院は後に書いた『後鳥羽院御口伝』の中で、この良経の歌について「歌としては特に出来がいいというわけではなかったが、当人の希望で新古今集に収めた。彼は『今回の勅撰集に選ばれた自分の歌のなかではこれが一番だ』とたびたび自讃していた」と記している。良経はこれを自分の代表作だと見ていたのだ。しかし後鳥羽院も言っていることだが、歌の出来そのものは凡庸だということは、良経自身もわかっていたはずである。誤解のないように言っておけば、良経は極めて優れた歌人である。新古今集をひらけば彼の歌は西行、慈円に次いで多く、名歌はいくらもある。そもそも三七年の短い生涯ながら『千載集』以下の勅撰集に三一三首入集したという事実からも彼の和歌の才が非凡であったことがわかる。その良経が、なぜ自分の実力を発揮したとはいえないこの歌を一番気に入っていたのだろうか。それは、歌そのものよりも、歌が詠まれたいきさつの全体が優美であったからだ。桜の終わりの季節、譲位して内裏を離れた上皇が紫宸殿の花を思い出して行幸し、上皇はじめ公卿たちが散る花を惜しむ歌を詠み、来られなかった者に名残の桜を硯の蓋に盛って贈る。そこには上皇から臣下への歌が添えられている。そして臣下もまた歌を返す。それらはいずれも散る桜を惜しむ古人の歌を引用し、風雅の心を受け継いでいることを示している。このエピソードの全体が美を求め歌を愛する宮廷の生活原理というものをよく表しているであろう。だから良経は歌の出来ばえよりも歌が生まれた事情の風雅であることを優先したのである。院も『後鳥羽院御口伝』で「先人たちも、必ずしも歌の善し悪しによってではなく、歌をめぐるいきさつが優美で興趣のあるような歌を、必ず自分の代表作にしている」と述べる。後鳥羽院の考えでは、宮廷において重要なのは、美的な生活であり、和歌はそのための重要な手段であった。和歌の風雅なエピソードが和歌の出来ばえより優先するのは当然であった。まさに「美の礼拝」（モリス）である。

3　定家の不機嫌

しかし世の中にはこのことがわかっていない、いやあえてわかろうとしない歌人がいる。藤原定家である。『後鳥羽院御口伝』の後半はほとんど定家批判と言ってもいいのだが、その要点は二つ。一つは傲慢な性格。もう一つは「すきたるところなき」〈数寄の心がない〉ということ、言い換えれば、風流がわかっていないということである。

ではそれはどういう風に表れるのか。先に内裏の花見について家長の日記をもとに紹介したが、今度は定家の日記『明月記』がどんな風に書いているかを見てみよう。同じ出来事がまったく違った視線で語られている。

驚いたことにまず日付が違う。家長はその夜「三月十日あまり」の満月に近い月が輝いたとしているが、定家によれば二月二四日である。これだと新月に近い暗い月しか出ない。おそらく定家のほうが正しく、家長は美しく粉飾しているのである。

また家長は、当日自邸にたまたま居合わせた和歌所のメンバーが桜の話をしているうちに急に思い立って内裏に行くことになったとしているが、この日定家は家長邸に行っていない。じつはこの朝定家は妻子を伴って妻の兄弟である三条公定の屋敷を訪れ、その後内裏へ行って「密かに花を見」たとある。「密かに」というのだから、なぜか友人たちには内緒で内裏の花見を済ませたばかりだったのである。いったん帰って自宅にいたところへ藤原雅経と源具親《ともちか》とがやってきて花見に誘われ、また内裏に向かうことになった。つまり同じ日に同じ桜を二回見ることになったわけだが、こうなると二回目のほうは桜が目的ではなく、明らかに付き合いである。

花見の席のできごとについても、家長のほうは華やかで楽しげである。御所の花ともいうべき女房たちが花見客の視線を意識しながら行き交い、歌所のグループと見ると仲間で相談して歌など詠みかけてくる。歌人たちも望むところで、即座に返歌をする。それがウイットに富んでいれば、仲間の賞賛だけでなく、女房たちのあいだでもどよめきが起こっただろう。それどころか、やりとりを見守る周囲の見物の間からも、嘆声が上がったかもしれない。紫宸殿を舞台にしたその社交パフォーマンスは桜以上の見ものであったはずだ。ところが定家の記述はこうである。

「狂女等謬歌《びゅうか》を擲《な》げ入れ、雑人多く見物す」〈頭のおかしい女たちができそこないの歌を差し出し

てくるし、場違いな身分の者が大勢見物していた〉

風流なはずの社交劇を、どうやら定家は楽しんでいない。むしろうんざりしている。というより、この席は苦痛だったのである。だから桜の枝をめぐる宗安と女房のやりとりなど無視されて記録がない。この席でのイベントとして定家が記録しているのは、和歌を一首詠んだこと（「和歌一首を講ず」）、そのあと連歌をしたこと（「講了《おは》りて連歌す」）、そして家長の用意により酒宴となったこと（「家長盃酒を取り出す」）だけである。これも、まず酒宴をし、次に連歌をして遊び、そのあと成り行きで和歌を詠むことになったという家長の記述と順番が逆である。どちらが正しいのかはわからない。ただ貴族の遊宴はまず格調の高い儀式的イベントから始まり、次に娯楽優先のくだけた遊びになり、最後は酒が入ってぐだぐだになるというパターンが多い。だから定家の和歌・連歌・酒宴という三段階の記録は、この花見が型通りの遊宴だったという意味である。これに対し家長のほうは、このイベントがその場の思いつきから始まり、偶然と勢いで進行していった遊びだということを強調しているように見える。

じつは定家はある意味でこの日の花形であった。というのも、彼の詠んだ歌が傑作だったからだ。家長の日記によれば、その場に居合わせた人々が口々に賞賛したとある。その夜家長は記憶に残る歌としてこれを後鳥羽院に報告したし、のちに定家と対立した後鳥羽院さえこれを絶賛した。定家はもっと得意になっていいはずである。しかし定家の日記には和歌を一首詠んだというだけで、その場の反応について何も書かれていない。それどころか、どんな歌だったかも記録がない。

記録したのは家長であった。その日記によれば、定家の歌はこうである。

年をへてみゆきになれし花のかげ　ふりゆく身をもあはれとや思ふ

「みゆき」は「雪」と天皇の外出である「みゆき（行幸）」を掛けている。つまりこういう意味である。

〈何年も繰り返し天皇がご覧になるこの左近の桜の花びらがいま雪のように降っていく姿はまことに心に染みるではないか〉

だがそれだけなら誰も感心しない。じつは「ふりゆく」が「降りゆく」と「古りゆく」（老いてゆく）との掛詞になっている。とするとこれは次のような意味になる。

〈もう何年ものあいだ天皇が紫宸殿に出御されるたびに私は桜の下陰に立ってきた。このまま年老いてゆく私をかわいそうだと思ってくれるだろうか〉

知らない人はそれがどうしたと思うだろう。しかし定家の身の上を知る人はみな心動かされたのである。というのも、まさにこれは定家自身の身の上であったからだ。

宮廷儀式において、左近衛府の少将や中将は左近の桜の下に立つ。ここには着飾った美少年が並ぶのが見た目にも美しい。じっさい左近少将の多くは十代の少年であった。ところが定家は左近少将の地位に一三年ものあいだ留まり、四〇歳を越えてもなお少年の同僚と立ち並ばねばならなかった。これは傲慢な定家にとって屈辱であったろう。ひとびとが「なんだい、あのおじさんは」とささやく声が聞こえるような気がしたかもしれない。前年にようやく左近中将に昇進したが、それとても救済措置としては不十分だった。定家の日記をみると、毎年のように官位昇進の運動をし、春の人事異動に一喜一憂し、失敗しては恨み言を述べるのを繰り返している。当時は家柄とコネと金がなければ昇進は難しかったのである。だからこの歌の表面は桜の歌だが、じつはうだつのあがらない自分の不遇を嘆くものである。

同座の友人たちは、家格が低いため昇進の遅い定家の苦悩をよく知っていた。だからこの歌を聞いたとき、毎年のように左近の桜の下に立ち低い身分のまま歳老いてゆく定家の身に同情せざるをえなかったのである。だからこそこの歌はその場の人々から「よい歌だ」という反応を得たのである。

だがこの歌の評価をめぐって、定家と後鳥羽院とは衝突することになる。『後鳥羽院御口伝』は伝える。

定家は左近中将のとき次の歌を詠んだ。
としを経てみゆきになるる花のかげふりぬる身をもあはれとや思ふ
彼は左近少将・中将の期間が二十年に及んだ。歌の内容にはその不遇を嘆く心が美しく表現されているし、歌が詠まれた事情や背景もまた格別に美しい。これこそ自分の代表作とすべき歌

であろう。（中略）ところが定家は左近の桜の歌を認めることはできないと、たびたび歌の評定の座で主張した

定家は二八歳で少将に、四一歳で中将になり、四九歳まで計二一年間左近次将だった（作歌の時点ではまだ一四年だが、この口伝書が書かれたのはずっとあとのことだから、二〇年というのは間違いではない）。自らの人生の不遇を嘆く心もあわれを誘う上、歌の誕生のエピソードも風流ですばらしい。これこそ定家の代表作だろうというのが院の意見である。しかるに定家は『新古今集』の歌を選ぶ編集会議でこの歌はだめだと何度も言ったのである。もちろん最終決定権は院にあるので、結局冒頭を「春をへて」と直した上で雑の部に入集した。春の部でないのは、この歌の本質は「述懐」（不遇の嘆き）にあると院がみなしたからだろう。

歌人なら誰もが一首でも多く自作を勅撰集に入れたいと望んでいる。なのに、定家がこの歌を『新古今集』に入れることに反対したのはなぜだろうか。その場かぎりの座興として作られた歌は、その場特有の事情（コンテクスト）から切り離されると、一人歩きして誤解を招きやすい。受けを狙ってジョークのつもりで作ったのに、まともに愚痴っていると取られるのがいやだったのだろうか。うだつのあがらない自分のプライバシーが後世に残るのがいやだったのだろうか。どうもそういうことではなかった。後鳥羽院の次の言葉からうかがわれるのは、定家のこの態度はこの歌一首に限ったことではなく、定家の歌に対する根本的態度に関わるものだったということである。

一般に定家が歌を評価する場合、歌がどういう時に作られ、どういうエピソードの一部なのかということをいささかも考慮しない。彼には数寄の心がないので、自分の歌であっても、自分で良いと思っていないものを人から良いと言われると腹を立てる

定家は歌の価値判断において、歌を巡る出来事が風流であるかどうかといったことにはまったく無関心である。このことを院は、定家には「数寄」の心がないという。そしてこれこそ院が定家の欠陥として批判する点であった。定家の逆の事例として院が挙げているのがさきの良経の歌である。彼は自分の実力からすればさほど出来の良くない歌を、ただ風流な出来事であるという理由で勅撰集に入れることを望み、しかも自分の代表作とみなしたのである。

ここから見て取れるのは、次のような勅撰集観の対立である。御鳥羽院や良経にとって勅撰集とは単に優れた歌を集めるものではなく、宮廷人の「数寄」つまり風流の記録であった。だから勅撰集の歌を選ぶ会議においても、歌自体の完成度より、その歌が生まれた状況の優美のほうが優先されるべきであった。それは風流な生活の証言だからである。良経の歌は、あの「鶯宿梅」の故事のように、美しい物語をもつが故に勅撰集に入れる価値があったのだ。逆に言えば、美しくない物語を背後に持つものは排除しなければならない。だから院は「どれほどすばらしい歌でも不道徳な恋から生まれた歌などは勅撰集の選者のもとへは送らないものだ」とも言うのである。これに対し、

定家にとって勅撰集とは、優れた歌を集めて後世に古典として残すものであった。歌の価値にとって、いつ誰がどのような状況で詠んだかは無関係であった。歌の価値は、ただ「歌の道」という独自の世界の基準によってのみ判断すべきものであった。

4　後鳥羽院の数寄生活

後鳥羽院は数寄の生活を愛した。もちろんそれは歌だけではなかった。たとえば彼が造営した水無瀬の離宮は風流生活のためであったと言ってよく、院はたびたびここで近臣とともに歌舞音曲を伴う遊宴を催し、ときには定家を召して歌を詠んだ。その遊びにはたいがい白拍子や遊女が呼ばれた。中国の風流における「妓女」はほぼ日本の白拍子や遊女に相当する。まさに文芸・音楽・酒・女性という中国的風流の世界が実現していたのである。

前天皇である後鳥羽院が遊女を呼ぶことに、現代の読者は違和感を覚えるかもしれない。しかし当時の日本では貴人が遊女と遊ぶことはもちろん、公卿の母が遊女や白拍子であることも珍しくなかった。後白河上皇は江口の遊女を正式に後宮に入れて「丹波局」という名を与え、その腹に皇子をもうけている。この丹波局は後鳥羽院の恩人でもあった。安徳天皇が壇の浦に没して誰を次の天皇にするかが問題となったとき、丹波局が夢の御告げだと言って高倉天皇の第四皇子を後白河上皇に薦め、その通りになった。これが後鳥羽天皇である。

定家もむろん院に呼ばれて何度も水無瀬について行った。歌会には欠かせない人材だったからだ。定家の日記にも十回余り水無瀬行きの記述がある。最初の記述は一二〇一年三月で、和歌所の寄人になる少し前のことである。水無瀬離宮は桂川と宇治川と木津川の三川が合流して淀川となったところにある。桂川を上れば京都、木津川を上れば奈良や伊賀、淀川を下れば大坂という交通の要衝であり、とりわけ淀川下流の江口・神崎の遊女を呼ぶには便利であった。定家によると、三月一九日後鳥羽院の一行は船で桂川を下って水無瀬離宮に到着。江口・神崎の遊女が待っていて郢曲《えいきょく》(流行り歌)と神歌を唄った。二〇日は石清水八幡宮の臨時祭に出かけ、夜には離宮で「白拍子合せ」が行われた。たぶん白拍子が二組に分かれ、一人ずつ交互に踊って勝敗を争ったのだろう。二一日は江口・神崎の遊女を五人ずつ召し出し、「今様合せ」を行った。これも江口と神崎の二組の遊女が交互に今様を歌って優劣を競ったのだろう。もちろん勝ったほうには賞品など与えたことだろう。二二日は囲碁が打たれ、また遊女が郢曲を唄った。最後の二三日には郢曲と乱拍子があり、貴族の人々もいつものように乱舞したとある。中世の遊宴の記録をみると、最後に「乱舞」という記述が多い。どうやら遊宴は進むに連れて飲めや歌えの無礼講になったあげく、ついには参加者が踊りだして終わるというのが定番だった模様だ。逆に言えば、最後に「乱舞」と書いてない宴会はあまり盛り上がらなかったということかもしれない。

定家の日記ではこのあと四月初旬にも、五月末にも後鳥羽院について水無瀬へ行っている。当然行けば何日か滞在して遊ぶことになる。院はよほど水無瀬が気に入っていたようだ。もっとも梅雨どきの五月二八日から六月一三日までの半月におよぶ滞在は、床上浸水などのひどい目にあっている。雨は初日から降っており、洪水を案じて帰京すべしとの意見も途中に出たのだが、桂川が増水しており、これを渡るのはかえって危険ということで水無瀬に留まったのである。定家は離宮近くの小さな家に泊まっていたのだが、その日記は初日からひどく暗い。「妻子を置いて家を離れ、辛い思いでぼろ屋に寝ている。雨は寝所に漏ってくるし、夜はすることもなく退屈だ。無意味な日々はいつまで続くのか」と愚痴をこぼしたあと、次の和歌を記している。

行く蛍なれも闇には燃えまさる子を思ふ涙あはれ知るやは

〈川のほとりを飛ぶ蛍よ、お前も闇が深くなるほど光がいっそう輝くけれども、私も子供を愛する心の闇が深くなるほどいっそう会いたくて涙がこぼれてくる。この気持ちをわかってくれるだろうか〉

定家はよほど子供が心配だったようだ。雨がひどくなり水害の危険が陰陽師から院に言上された。院たちはその勧告を無視して留まったのだが、定家は家族が心配になって何度も様子を見に京都の自宅に帰っている。定家は日々繰り広げられる白拍子の舞や遊女の唄を楽しめなかったようだが、院の命で和歌を詠むなど臣下の勤めがあるので、やはり水無瀬に戻らなければならなかった。

七月の水無瀬滞在では面白い記述がある。昼間例によって白拍子を招いて遊宴が行われたのだが、夕方になって後鳥羽院は彼女たちを臣下の宿所に泊めさせたのである。そして定家にも一人の白拍子が預けられた。そもそも、ふつう上皇がみずから白拍子の宿を心配したり手配したりといったことはしない。だからこれは、いわゆる「粋な計らい」とみるべきだろう。臣下の貴族たちに一人ずつ白拍子をあてがい、楽しい夜を過ごせというわけである。ところが定家は彼女を自分の宿に泊めなかった。別に宿を借りてそこへ行かせたのである。当時の感覚では遊女や白拍子と遊ぶのは風流の一端であったから、この定家の振る舞いは仲間の眼には無粋なものと見えただろう。石川女郎なら「おその風流士」とでも言うところだ。そもそも白拍子といっしょに寝るのがいやなら、寝所だけ提供して手を出さなければすむ話である。当時それほど家もない水無瀬で、別に宿所を探すのは容易ではなかったろう。つまり定家のとった行動はかなり不自然なものだった。自分は白拍子とは一つ屋根の下に寝ないとわざわざデモンストレーションしたわけである。これは貴族たちの「数寄」に対する批判のつもりだったかもしれない。定家の日記を見ると、後鳥羽院の遊興について「毎日毎日遊蕩三昧」とか「遊女列座し、乱舞は例のごとし」といった言葉が苦々しく書かれている。定家の考える「歌の道」は、こういう遊興の一部ではなかったのだ。

こう言ってもよい。定家にとって和歌は「儒雅」の一部でないとしても、それに匹敵するまじめなものであって「遊び」ではなかった（ただし連歌は遊びであった）。少なくとも儒教倫理に反する「遊蕩」の一部ではなかった。しかし後鳥羽院たちにとって、和歌はあくまでも「風流」という宮廷の理想的生活の一部であり、また「遊び」の一部であった。なお当時の「遊び」という言葉は意味が広く、詩歌管弦といった今日の芸術にあたるものから、蹴鞠や相撲といったスポーツ、さらに旅行まで含む。

後鳥羽院はいろいろな「遊び」が好きだった。蹴鞠や琵琶はかなりの腕前だったし、競馬・相撲・闘鶏・囲碁・双六なども熟達していたようだ。その遊びの中でもっともスケールが大きいのは、毎年のように行われた熊野御幸であろう。京都から熊野神社まで往復二〇日くらいの旅行を二三年の間に三一回行っている。名目は信仰であるが、その実態は連日の遊宴である。途中もちろん御経供養のような宗教行事もあるが、里神楽や相撲などのイベントがあり、白拍子が呼ばれ、乱舞があり、宴会がある。もちろん歌会もあるから、定家も一緒に来いと命じられる。一二〇一年、最初に参加したときの日記をみると、熊野御幸の実態を知らなかったせいだろう、ようやく日のあたる場所への抜擢だと大喜びしている。「面目過分」（身に余る名誉）とか「今回の随行は前世で善行を積んできた成果であり、公務に精勤するうちこのような運命が巡ってきたのだと思うと、感涙を禁じ得ない」などと生真面目な感激の言葉が並んでいる。熊野御幸は大規模な公的儀礼であるから、私的な遊びに誘われたとは思っていないのである。じっさい定家は歌を詠むだけでなく、小さな社への幣使など他の役目もいろいろ果たしている。もっとも張り切っていたのは初めだけで、いざ旅が始まると日記はやがて愚痴の連続となる。後鳥羽院にとって連日の遊楽は宮廷にふさわしい数寄の生活であったが、定家にとってはうっとうしい義務でしかなかったのだ。

5　数寄と道

定家とは反対に、後鳥羽院も良経も家長も和歌に対する態度は同じである。美しい宮廷生活というものを実現するための重要な道具とみなしている。家長の日記が花見のエピソードを過剰なほどに優雅に描いたのも、そこに自分たちの生活の理想が実現されていると思ったからだろう。彼らはある意味一条朝の「儒雅風流」を継承したかったのだ。平氏の去った京都で、良経は太政大臣として政務に励んでいたし、公家たちはまだ律令体制が効力を持つ範囲で統治の仕事していた。後鳥羽院にいたっては鎌倉幕府を滅ぼそうと承久の乱を起こした。そのとき彼の脳裏には、蘇我氏を滅ぼして権力を天皇家に取り戻し、中国をモデルに先進的国家体制を確立すると同時に日本を文化国家に仕立てようとした、あの大化の改新の再現があったかもしれない。

後鳥羽院は定家批判の一つとして、「人の口にある歌」（人々が口にする歌）が少ないということをあげる。定家の歌は確かに美しいけれども、難解であるために一般人は理解できない、だから人々が口にしないというのだ。さらに定家の父である俊成や西行の秀歌には人の口にある歌がたくさんあるとしたあと、こう続けるのである。

たとえわかりやすい歌であっても、いいものはいいと私は思う。だから定家が自分と同意見でない者を「歌がわかってない」と決めつけるのも偏見であろう。何でも定家の思いどおりになるものではない。そもそも歌がわかっていないからといって、何も困りはしない。大切なのは、勅撰集に選ばれ、後世に自分の名を残すような歌が詠めるかどうかである。それさえできれば、歌などわからなくともさして残念ではない。『後鳥羽院御口伝』

定家の歌が難解なのは意図的なものだった。彼はわかりやすい歌を軽蔑していたのだ。ここで「わかりやすい」と訳した言葉は「顕宗」である。一般人には教えない「秘密教」（密教）に対し、大衆向けにわかりやすくした教えが「顕宗」（顕教）である。それは初心者に説くにはいいが、本当の仏教思想はそこにはないとされた。歌道を仏道になぞらえて考えるなら、わかりやすい顕宗の歌は大衆向けのなぐさみにはいいかもしれないが、本当の歌人の歌は難解になるはずである。じっさい定家の歌は若いころ「達磨歌」（禅宗の言葉のようにわけがわからない）とあざけられ、のちに高い評価を受けるに及んで「幽玄体」（奥深くてよくわからない）と呼ばれた。どっちにしてもわからないスタイルなのだが、定家はそれを積極的に選んだのである。そしてわかりやすい歌を底の浅いものとして軽蔑したのである。仏道とは厳しい修行を積み、道に達してようやく常人の思い及ばぬ真理を知ることであるとすれば、歌道もまた深く歌を追究して道に達するものであり、達人の歌はしぜん密教の呪文のように常人には難解となるはずだからである。

これに対し後鳥羽院は「わかりやすくとも、いいものはいい」と言い切る。そして歌の存在意義を「人の口にある」ことと「後世に残る」ことに見出す。これは何を意味しているのだろうか。ここで「風流」のもともとの意味が「聖人の徳が民衆の風俗習慣に影響し、その美風が後代に伝えられること」であったことを思いだそう。儒教の影響下にあった中国詩論は、詩の存在意義の第一を、君が民に道徳を教えることの手段とする。なぜ詩がいいのかと言えば、説教と違って押しつけられているという意識なく人々の心に染み込んでいくからである。これを「風化」と呼ぶ（「化」とは教育して習俗を変えること）。人々は自分が共感した詩を折に触れて歌ったり、口ずさんだりするだろう。「人の口にある」とは「民衆の共感を得た」ということであり、それによって「民衆を教育した」ということである。「後世に残る」とは、その影響力が後世に及ぶということ、つまり「流」である。要するに後鳥羽院は、和歌もまた漢詩と同じように「風化」と「風流」がその存在意義であり、自分はその立場から和歌を見ているのだと言っているのだ。そして定家の歌はたしかに素晴らしいが、それはごく一部の歌マニアのためのものであって、天下のためには役に立たないとみなしているのだ。

それでは和歌はいったいどのような思想や習俗を人々に伝えるのだろうか。当時の貴族の和歌をみれば、それは漢詩に多くみられたような政治的思想でもなければ、道徳的に正しい習俗でもないだろう。それはただただ美しい生活であった。かつての貴族たちが実現していた（と信じた）、古典を踏まえ、優雅な振る舞いと美しい工芸品に彩られた、あの「美の礼拝」の生活スタイルであった。つまり後鳥羽院のいう「数寄」であった。

これに対して定家は和歌を「数寄」ではなく「道」と見た。もちろん以前から歌について「道」

という言葉は使われていたが、それは「分野」とか「領域」という程度の意味であって、「仏道」のような特殊な意味ではなかった。念のため言っておけば、まだ当時「芸道」という概念はなかった。というか、「仏道」をモデルにまず「歌道」が生まれ、それを手本に種々の芸の「道」が唱えられ、やがて「芸道」という観念ができたのである。

仏道とは特殊な世界だった。それは社会の外にあったからだ。当時「道に入る」と言えば仏道に入ることを意味した。それは自己のアイデンティティである名前（俗名）を捨て、自己の所属する場所である「家」を捨て（出家）、社会さえ捨てて（出世間）、新しい世界を生きることであった。ただしそれは聖なる世界であり、真なる思想とそれにもとづく価値規範があった。それゆえ世間の人々はその世界を尊重した。俊成が仏道になぞらえて「歌の道」を唱えたとき、歌道には凡俗の人々には理解しがたい真実があり、人々は道に入ってそれを希求すべきであり、道に達した人は高僧のように尊敬されるべきだということを意味していた。彼の歌論書『古来風体抄』は、歌の奥義は言葉では言い表せないものであるとし、天台宗の教科書である『摩訶止観』を引いて歌道の奥深さを語る。俊成の息子である定家は晩年に出家して「明静」と号したが、これは『摩訶止観』冒頭の「止観明静、前代未聞」（止観の明静であることは、かつて聞いたことがないほどだ）という一句から来ている。だから「明静」と号するのは、自分は歌道の深奥を究めたという意味である。

後鳥羽院の数寄と定家の歌道と、二人の和歌観に共通することがあるとすれば、和歌は政治や経済のような世俗的実用性を持たないということである。後鳥羽院はもちろん、摂政であった良経は公的な政治家である。当然ながら社会的には、「まめごと」（実事）である公的実務に対し、「あだごと」（徒事）である和歌は価値が低い。後鳥羽院や良経からすれば、和歌は公務である儒雅の合間に行う私生活の風流（数寄）であった。ただそれは理想の生活の一部として欠くことのできないものだった。しかし朝廷ではなく九条家に仕えていた定家は、公的場面では重要性が低く、ただ歌人としてのみ評価されていた。それは遊びの世界の添乗員、あるいはお稽古事の先生のようなものだった。けれども「歌の道」が「仏の道」と似たようなものだとすれば、事情は一変する。定家はこの聖なる世界の大阿闍梨であり、後鳥羽院は新入りである。そこには世俗とは別の価値規範があり、身分の序列がある。もし新入りと高僧との意見が食い違えば、高僧は新入りの意見を否定し、正しい道を教えなければならない。そこでは俗世間の身分や規範は関係がない。たとえ相手が天皇であろうと、間違いを正し、教え導くのが仏道の先輩の義務である。だからこそ、世俗の社会であれほど出世を望んでいた定家が、こと和歌に関しては後鳥羽院の意見を否定し、はげしく批判したのである。だがそれは宮廷においては非常識な振る舞いであった。『新古今和歌集』完成の祝宴にも定家はふてくされて欠席し、ついに後鳥羽院は定家を出入り禁止にした。この措置によって定家は事実上歌人生命を断たれる。けれども定家にとって、和歌が宮廷の「数寄」の一部にすぎないことを認めるわけにはいかなかったのだ。

整理しよう。後鳥羽院の生き方は「儒雅風流」、つまり公的な実務生活と私的な数寄の生活という二分法である。しかし定家にとって、公的な実務と私的な遊びのほかに「道」という世界がある。

彼は遊びを嫌悪し、歌の道を仏道になぞらえて聖なるものと見る。それは人生を捧げるに足るものである。院は定家を「数寄」の心がないと批判する。しかし定家からみれば、院の数寄は所詮俗なるものであり、同じ俗なるものの中では実務に劣る無用のものである。定家にとっては歌の道に生きることこそ、公的実務（儒雅）に対抗しうるもうひとつの価値ある生活だったのであろう。

道の思想の出現は、儒雅と風流、実務と遊び（「実事《まめごと》」と「徒事《あだごと》」）といった従来の二分法を不十分なものにした。道が聖と俗という新しい二分法を持ち込んだからである。ここで実事と数寄と道の三者の関係を整理すれば次のようになる。第一に生活の実用という基準を採れば、政治や経済にかかわる実務は実用的であり、数寄と道は無用である。第二に目的の有無という基準を採れば、実務と道は生活の安定とか真実に達するといった目的があり、数寄には目的がない（そのときが楽しければよいという意味では自己目的的である）。それは「まじめ」と「遊び」との対立と言ってもよい。第三に聖と俗という基準を採れば、道は現実世界を超越しており、この意味で社会（俗世間）から離れている（脱俗）。それは聖なる仏道に近いとされる。しかし実務はもちろん、数寄もまた世間の中での生活の一部であって、この意味で俗にとどまる。こうして中世芸道の登場は、数寄（風流）への憧れを複雑なものにしていくのである。定家や後鳥羽院らの内裏での花見は、宮廷文化の終わりと中世文化の始まりとがちょうど交差する時点で行われたのであった。

承久の乱は幕府の勝利に終わった。後鳥羽院は隠岐島に流され、その広大な所領は幕府に没収された。院の協力者らも処分を受けた。幕府は新天皇を選び、朝廷は親幕派の公家を中心とする体制に一新された。この新朝廷で、はからずも定家は復活する。後鳥羽院は数寄の世界では定家を重用したが、公的な世界での身分は、定家が熱望していたのを知りながら、引き上げてやろうとはしなかった。しかし新朝廷で定家はなんと正二位中納言にまで昇った。家格からすれば、まさに破格の出世と言ってよい。この厚遇の背景には、新朝廷が文化的権威を求めたということがあったかもしれない。敵対していた後鳥羽院さえその実力を認め、源実朝の歌の師でもあった定家はうってつけの人物だった。朝廷の文化レベルの象徴となる事業は勅撰和歌集である。定家に与えられた仕事は新しい勅撰和歌集の編集だった。それも『新古今和歌集』のときとは違い、個人編集である。これは歌人として最高の名誉だった。「歌の道」という概念の公認と、定家の神格化はこのときに始まったと言えるかもしれない。このの ち定家の子孫は三家に分かれながらも、それぞれ「歌の家」として、現代の家元に似た権威を持つことになる。

幕府は多くの公家を処刑しながらも、朝廷というシステムをなくそうとはしなかった。公家は国家統治の政治力を失い、経済力を低下させながらもしたたかに存続する。京都に都が作られてから四百年のあいだに築かれた生活文化を、彼らはすぐに変えようとはしなかった。その文化を維持することが以後の公家の存在理由のようなものだったからである。それは「儒雅風流」のうちの「儒雅」を手放し、ただ「風流」を自らの努めとすることだと言ってもよい。経済的基盤である荘園を次第に武士に奪われていく公家たちは、古典文化と種々の芸道の権威となることに自らのアイデンティティを見出していったのである。その諸芸をかじりつつ、新たな生活の美学を作り出していったのは武士と遁世者たちだった。

V……婆娑羅の風流

1　佐々木道誉の風流

南北朝期に新しい「風流」のスタイルが登場した。「ばさら」である。漢字表記はいろいろあるが、今は「婆娑羅」が一般的なので、これに従うことにしよう。一三三六年に足利尊氏が室町幕府の政治方針として定めた『建武式目』を見ると、その第一条「倹約を行はるべき事」で「婆娑羅」と「風流」とが結びついている。

近ごろ「婆娑羅」と称して、ひたすら身分に過ぎた贅沢を好み、綾錦などの高価な衣装をまとい、銀造りの精巧な太刀を腰に下げるなど、風流の服飾で人目を驚かす者が多い。狂気の沙汰と言ってよい。

ここでの「風流」は貴族的な「儒雅風流」ではない。人目を集める華麗さを好む花山院を「風流者」と呼んだ、あの派手とか豪華という意味の「ふりう」である。武力によって政治の中心に躍り出た武士たちの間では、財力を誇示するために豪奢な消費を競う風潮があった。美意識としては成金趣味だが、それがある種の力のランキングを反映していると意識されたとたん、競争はとどまるところをしらなくなる。建武式目の文言はこれを制止しようというものである。これが式目の第一条に置かれたということは、なにより問題のある行動と見えたのだろう。

『太平記』にも「ばさらに風流を尽して」という言葉が出てくる。そのくだりを次に引こう。主人公は足利尊氏の片腕だった佐々木道誉である。

　この頃とりわけ時代の波に乗って、豪華さで人の目を驚かせていたのが佐々木道誉だった。ある日彼の一族と若党がいつものように「ばさらに風流を尽して」東山で鷹狩りをし、帰途たまたま妙法院の前を通りかかったとき、紅葉の枝がみごとなのでこれを従者に折り取らせた。

「一族」とは、源通冬《みちふゆ》の日記によれば道誉の息子秀綱である。ここで言う「ばさらに風流をつくす」とは華麗で奇抜な趣向を金にあかせてやったというような意味だろう。たぶん鷹狩りのあと打ち上げの宴会もあり、酒も入っていたと思われる。それにしても紅葉に注目するところまでは古典的風雅という意味の「風流」でもある。だが、じつは妙法院はただの寺ではない。皇族の子弟が門主を務める「門跡」の一つであり、比叡山延暦寺の末寺である。そのときの門主は光厳天皇の弟の亮性《りょうしょう》法親王だった。

　ちょうどそのとき門主は御簾の内から暮れようとする秋の気色をご覧になって「霜葉は二月の花より紅なり」（霜を経た紅葉は二月の桃より紅《あか》い）と、詩を吟じて風雅を楽しんでおられた。ところが、とりわけ色の美しい紅葉の枝を不届きな下人たちが折り始めたので「誰かあれを止めよ」と仰せられた。そこで坊官が一人庭に立ち出て、「御所の中の紅葉を折るのは何者か」と止めたのだが、彼らはまるで言うことを聞かない。「御所がどうした、笑わせるな」などとあざ笑い、かえってもっと大きい枝を折りはじめる。たまたま泊まっていた延暦寺の山法師がおおぜい出てきて「けしからん奴らだ」と、持った紅葉の枝を奪い取り、さんざん打ち叩いて門の外へ追い出した。

門主が庭の紅葉を見ながら杜牧の詩を吟じていたというのは、まさに古典的な「風雅」のスタイルである。たぶん著者は新興の武士たちと公家の文化習慣を対比したかったのだろう。なお寺院である妙法院を「御所」と呼ぶのは、天皇の弟の居所であり、天皇や上皇の居所に準ずるからである。

道誉はこれを聞いて「たとえ門主であろうが、この道誉の身内にそんなことをするとはけしからん」と怒り、自ら三百余騎の兵を率いて妙法院の御所へ押し寄せ、火を放った。折から激しい風が吹き、建仁寺まで燃え上がった。門主は裸足で逃げ出し、若宮は道誉の息子に捕まって乱暴された。京中で大騒ぎとなり、いきさつを聞いた人々はみな「ひどいことだ、前代未聞の悪行だ。延暦寺も黙っていないだろう」と言い合った。

天皇は日本の身分制度における頂点であり、比叡山延暦寺もまた仏教界における最高権威である。

だが道誉はそれらを歯牙にもかけない。このような道誉の態度こそ、まさに「婆娑羅」という語のもう一つの意味であった。「ばさら」の語源ははっきりしないのだが、仏を守る十二神将の一人伐折羅《ばさら》大将から来ているのではないかと言われる。寺院の仏像彫刻を見ると、伐折羅大将は十二の神将像の中でもっとも憤怒の表情をしている。なにしろ髪が逆立っている。文字通り「怒髪天をつく」姿で、とにかく恐ろしいイメージなのだ。この「バサラ」は梵語「ヴァジュラ」の音訳で「金剛」(ダイヤモンド)の意味であり、一番強力なことを表す。だから伐折羅大将は十二神将の中で一番強い。佐々木道誉はこれまで人々が無条件に従ってきた権威や権力を、ただの虚像にすぎないとしてあざ笑い、派手な身ぶりで否定する。一種の下克上である。圧倒的に強力と信じられてきたものをかかしのように扱うその姿は、たしかにちょっと伐折羅大将に見えるかもしれない。「婆娑羅」という言葉は、そのような旧制度への反抗を含んでいる。

そのような反抗と豪奢な遊興精神とが一つになって表れたのが、このあとの『太平記』の記述である。道誉を処罰せよとの旧勢力の要求に、さすがに尊氏も放っておくことはできず、ついに流罪を言い渡す。道誉は京を離れるのだが、その様子はとうてい罪人ではなく、まるで優雅な旅行を楽しんでいるかのようだった。『太平記』は次のように描写している。

道誉を近江の国分寺まで送ると称して、若党三百余騎が前後につき従った。彼らは全員が猿皮を靫《うつぼ》にかけ、猿皮の腰当をして、手には鶯のかごを持つ。道々には酒肴を用意してあり、宿では遊女を招いて遊ぶ。その様子はとうてい流罪にあった人とは思えないほど立派で華やかだった。これもただ、公家の制裁を見くびり、延暦寺の敵意を嘲弄しているのだ。

「靫」とは矢を収納する筒型の容器で背に負う。江戸時代の武士が腰に刀を二本差したように、中世の武士は靫を背負うのが正式の扮装だった。狂言『靫猿』を見ればわかるように、武士たちは立派な靫を欲しがったし、なかでも猿皮は高級品だった。その猿皮の靫を三百騎の武者が揃って背負っているのは見ものであったろう。ところで猿は日枝山《ひえ》(比叡山)の神の使いとされており、その神は延暦寺の守護神であったから、猿を大量に殺して皮を剥ぎ、靫にしたり腰当てにしたりするのは延暦寺への挑発でもある。しかもこの挑発は同時に風流に演出されていた。中世は鶯合わせといって鶯の声の美しさを競うゲームが流行ったのだが、道誉の騎馬武者たちはみな鶯かごを手に持っていたのである。これは彼らが単なる武闘派ではなく同時に文雅の徒なのだという誇示である。そして夜には遊女たちが招かれて遊宴となる。まさに婆娑羅の行状である。なお翌年道誉は北朝軍の一員として伊勢での戦いに出陣し、そのあと何食わぬ顔で京へ戻った。南北朝の軍事的争いが続くこの時期に、尊氏側の強力な武将である道誉を厳しく処罰できるはずもなかったのだ。

2　婆娑羅の花見

中世は集会のための「会所」と呼ばれる空間が生まれたほど、人々が寄り集まって楽しむ「寄合《よりあい》」が広まった。それは貴族だけの遊宴ではなく、武士や時には庶民をも含む集まりだった。そのためのメインプログラムとして愛好されたのが連歌と茶の湯である。これは権力と経済の中心が公家から武家に移っていったことと関係がある。参加者にすでに古典教養は期待できない。大事なのは、古典教養を踏まえた機知に富む社交より、参加者を驚かせる豪奢と感嘆を引き出す趣向だった。空間を美しく飾り、小道具を美しく仕立てることは宮廷文化でも重要なことだったが（たとえば花見で詠まれた歌のために桜の枝を折って文台の代わりにしたように）、そこでは色彩の組み合せとか季節感の表現とかが美意識の規範を作っていた。しかし成り上がった大名の茶会などでは、当初はとにかく豪奢であることが人を感嘆させる条件だった。

当時の連歌と茶の湯はゲームである。判定ないし勝敗があり、賞品（懸物《かけもの》）が出る。連歌の場合はそれぞれの句に点がつけられ、高得点者に高価な賞品が与えられる。茶の湯の場合は「闘茶」と呼ばれる産地当てのゲームとなった。言い伝えによると中国から栄西が持ち帰った茶の種を栂尾《とがのお》の明恵に贈ったのが日本の抹茶用の木の始まりだという（確かな証拠はないが）。このため栂尾の茶がもっとも味がよいとされていた。そこで栂尾産を「本茶」といい、それ以外のものを「非茶」というう（のちに宇治茶の評価が高まると、これも本茶として扱われるようになる）。何服かの茶を飲んで、それぞれが本茶か非茶かを当てるゲームが闘茶である。成績の良い者に高価な賞品が与えられるのは連歌と同じ。

『建武年間記』に収められた「二条河原落書」には当時の流行として連歌とともに「茶・香十炷の寄合」があげられている。茶だけでなく、香の種類を当てる集まりもはやっていたのだ。また闘茶は身分の上下を問わず行われていたようだ。一三三二年に光厳天皇が廷臣たちと「飲茶勝負」を行ったという記録がある（『光厳天皇宸記』）。もちろんこれらの寄合は、ゲームが終れば豪華な食事と酒が出て、乱酔乱舞の宴会になるのがふつうだった。そのためだろう。『建武式目』では「婆娑羅」を批判し倹約を勧める第一条に続いて、第二条に「群飲佚遊」（集まって酒を飲み、だらしなく遊ぶこと）を禁じている。理由は「茶寄合とか連歌会と称して莫大な賭をしている。その費用は計り知れない」からである。賞品が大きいほどゲームは盛り上がる。茶寄合や連歌会の主催は持ち回りが一般的だったが、自分の担当する会を成功させるためには賞品のために大金をはたかねばならず、これが見栄っ張りの武士たちにはよほど負担となったようだ。武家を統率する足利尊氏が心配するのも不思議はない。だがこのことは、逆に茶寄合や連歌会が当時いかに人々を熱狂させるイベントだったかを物語っている。

しかも皮肉なことに、茶寄合や連歌会にもっとも派手な蕩尽をすることで有名だったのは、尊氏を支えていた佐々木道誉や高師直《こうのもろなお》だった。『太平記』は次のように伝えている。

公卿は路頭に迷いのたれ死ぬほど困窮しているのに、武家は以前の百倍も富貴になり、身には豪華な衣服をまとい、食事には数々の珍味を尽くす。（中略）都では佐々木道誉をはじめとして、在京の大名たちは集まって茶の会を始め、日々寄合をして楽しむ。そこでは中国日本の重宝を集め、多くの人が盛装して参会し、みな椅子の上に豹や虎の皮を敷き、おのおの緞子《どんす》や金襴を着て居並んでいる。

道誉たち在京大名は茶を楽しむグループをつくり、日々集まって茶会などをしたのである。闘茶の主催は持ち回りで、その担当者を「頭人《とうにん》」といい、成績優秀者に出す賞品を「懸物」という。懸物は頭人が用意することになっている。

最初の頭人は、奥染物を百ずつ積む。次の頭人は、色々の小袖十重を置く。三番の頭人は沈香百両に麝香の臍《ほぞ》を三つ添える。四番の頭人は沙金百両を金糸の花の盆に入れる。五番の頭人は、鎧一領に、鮫懸たる白太刀、柄も鞘も皆金の刀に、虎の皮の火打袋をさげる。以後の頭人二十余人、みな人に負けるものかと、さまざまの品を山のように積み重ねた。その費用は幾千万かわからない。せめてこれを取って帰れば、互いに交換したということになる。ところがこれらを全部、連れてきた遁世者や見物している田楽・猿楽・傾城・白拍子などにくれてやり、自分は手ぶらで帰るのである。まるで金をどぶに捨てるようなものだ。（中略）この茶事が終わると次は博奕をして遊ぶのだが、一回に五貫十貫を賭け、一夜の勝負に五六千貫負ける人ばかりで、百貫と勝つ人はいない。これも田楽・猿楽・傾城・白拍子に配ってしまうからである。

『太平記』の記述はおおげさなことが多いので文字通りに信ずるわけにはいかないが、それにしても大名たちの蕩尽のすさまじさには驚かされる。まず彼らは趣向を凝らして豪華な賞品を用意しながら、それを獲得する気がはじめからない。全部与えてしまうのである。それも部下とか困窮者とかにではない。社会秩序の外にいる遁世者（金持ちの趣味生活の手助けをした僧形の男）、田楽・猿楽の芸能人、そして傾城・白拍子などの遊女である。もちろん彼らはただ見物していただけではなく、得意の歌舞音曲で遊宴をおおいに盛り上げただろう。このような茶会にはいくつか特徴がある。第一に、この会は同好の士だけの寄合ではなく、多数の見物を必要としたパフォーマンスだったということ。第二に、誰が勝つかは重要ではなく、自分の創意工夫と財力とを誇示することが目的であったこと。だからどういう景品を用意したかを仲間と見物に見せたあとは全部芸人や遊女に与えてしまうことが必要だった。どんなに素晴らしいものでも、持って帰るようなケチなまねをしてはいけないのだ。相手が芸人や遊女だったのは、彼らからは何のお返しも期待できないため、完全に無償の贈与になるからだ。まさにどぶに捨てるような散財を見せびらかすことが目的であり、文化人類学でいう「ポトラッチ」である。

　道誉の婆娑羅ぶりを示す逸話として最も有名なのが、一三六六年に催された京都郊外大原野での茶会である。尊氏の死後実権を握った斯波《しば》高経《たかつね》は道誉の政敵であった。ある事件で道誉は高経に面目をつぶされたこともあって、報復の機会を狙っていた。ここからは『太平記』の記述によって紹介しよう。

将軍の館の桜が見事に咲いたので、高経は「山海の珍物、種々の酒肴」を用意して花見を主催する。このとき道誉に対しては特別に事前に招待の通知を送った。「殊《こと》に道誉に」というのだから、これはあきらかに婆娑羅で名高い道誉への挑戦である。お前に負けない豪華な宴会を見せてやろうという意気込みだったのだろう。道誉は参加すると返事をしていたが、わざと勘違いしたふりをして、同じ日に貴顕の客を招いて大原野で花見を催した。それも「京中の諸芸能の名手たちを一人残さず引き連れて」世にたぐいなき遊びをしたという。その細部は、『太平記』で次のように描写されている。

寺の高欄は金襴で覆われ、擬宝珠には金箔が張ってある。渡る橋板には中国の毛氈《もうせん》や綾錦を敷き延べ、あたかも谷間に朝日が射したようである。その上に散り積もった桜は雪のように見える。踏めば足に冷たく、歩めば履が香る。風に吹かれて長い石段を登れば、泉の水が竹の筧《かけい》を伝わり、石の鼎《かなえ》に茶の湯が用意されている。松風の音の中で甘みに春を感じつつ一碗の茶を飲めば、仙境にいる気分になる。藤の曲がった枝ごとに香炉を吊るし、沈香を薫じているので、春風がその香を巡らし、まるで栴檀《せんだん》の林に入ったかのようだ。眼を上げて遠く周囲を見渡せば、山あり川あり、絵画のような絶景である。一足ごとに感嘆しながら本堂まで登ってゆくと、庭に十抱えほどの桜の巨木が四本ある。この木の根元を一丈余りの真鍮の花瓶で囲んで、ちょうど一対の生け花に見立てている。その間に二抱えある香炉を二つの机に並べて一斤の名香を一度に焚き上げると、薫風が四方を満たし、人々はみな香積《こうじゃく》如来の住むという香の世界にいるようだった。その背後に幕を張り椅子を並べ、百味の珍膳を調え、百服の茶を飲む闘茶が行われた。かたわらにはその賞品が山のように積まれていた。猿楽師が舞い、白拍子と遊女が歌えば、同座の人々は次々と着ていた衣装を脱いで投げ与えた。興たけなわになれば人々も酔ってしまい、帰路につくころには月もないので松明が空を明るくする。螺鈿《らでん》に飾られた牛車の音が轟《とどろ》き、馬が轡《くつわ》を鳴らして駆けゆき、人々が大声で喚《わめ》きあうありさまは、深夜に百鬼が街を行くようだった。

この花見はたちまち京中で噂となり、高経は面目を失ったという。この花見の特徴は何より壮大な蕩尽ぶりにあるが、それだけなら金さえかければ高経にもできる。見事なのは道誉の演出である。大原野の山をまるごと会場とし、舶来の金襴や毛氈で色彩に輝く空間を造り、大量の香でその空間を満たす。石段を登って一休みしたい頃に茶の湯の用意がある。いよいよ本堂に進めば花見の主役たる桜の巨木があるのだが、その根元の回りを花瓶の形をした真鍮の鋳物で囲み、まるで巨大な生け花のように仕立ててある。招かれた客たちの多くは豪華な宴会に慣れていただろうが、この桜の演出にはあっと言っただろう。また注目すべきは猿楽師や白拍子などの芸能が演じられたことである。このために道誉は「京中の諸芸能の名手たちを一人残さず引き連れて」行ったとされている。猿楽はのちの能楽だが、このころは今の能よりエンタテイメント性が強かったと思われる。道誉の領地である近江は大和と並ぶ猿楽の中心地の一つであり、近江猿楽は優美な歌舞を特徴とした。道誉は猿楽の後援者の一人だったが、近江猿楽だけでなく大和猿楽の観阿弥・世阿弥親子をも支援していた。おそらく道誉は当時の京都の遊びの世界でもっとも気前のよい、そして目利きのパトロンであった。だから彼が声をかければ、京中の諸芸能の名手たちが残らず集まったのだろう。

この花見は前章の御所の花見とずいぶん違う。もちろん基本要素は似ている。見頃の桜があり、音曲があり、女性がいる。けれども白拍子や遊女という「俗」を取り入れることをためらわないのはむしろ後鳥羽院の水無瀬離宮での遊宴に近い。なにより大きく違う点が二つある。一つは過去に対する態度である。御所の花見での価値基準は「宮び」にあり、それは過去の伝統、言い換えれば古典を踏まえていることが重要だった。紫宸殿の左近の桜は宮廷のみやびのシンボルとも言える有名な存在であり、そこで歌が詠まれ、桜の枝に載せられ、官女たちと歌が交わされる。それらはみな古典を踏まえた歌である。それは宮廷における風流韻事の伝統の中の一つエピソードとして歴史に残ることをめざしている。一方、道誉の花見の価値基準は趣向の斬新さにある。それは名目こそ古典的な「花見」でありながら、人が賞賛するのは意表を突いたアイデアであり、前例のないスケールであり、要するに新しい体験の提供である。もう一つの違いは蕩尽の大きさである。たった一日のイベントのために中国から輸入した金襴や香など高価な品々を惜しげもなく消費し、用意した賞品を芸人たちに投げ与える。むしろこの豪快な蕩尽ぶりこそが婆娑羅の一番の特徴と言ってもよい。しかし道誉を婆娑羅の代表としているのは、それだけではない。彼の蕩尽は創意工夫に裏打ちされ、しかも洗練された美意識が人々を感嘆させたからである。

彼の名を上げたもう一つの逸話を紹介しておこう。ただしこれも『太平記』なのでどこまで事実かはわからない。

一三六一年、楠木正儀《まさのり》ら南朝の軍が京を攻め、足利義詮《よしあきら》ら北朝方がいったん京を退去したことがある。佐々木導誉もこれに従った。こういう場合貴重なものはみな持っていくのがふつうであろう。ところが導誉は逆に宝物で自邸を飾り立てた。まず会所には三幅の掛軸、花瓶・香炉などを並べた。書院には王羲之の書を掛け、棚に韓愈の文集を置いた。寝所には沈香の枕と緞子の夜具を置き、武士たちの詰め所には鳥・兎・雉・白鳥の肉を並べ、三石入りの大筒に酒を満たした。さらに遁世者二人を留め置いて、誰でもここへ来た者には酒を勧めよと命じたのである。道誉邸を占拠した正儀は感嘆した。北朝軍が反攻すると南朝軍は撤退したが、この時正儀は道誉のものは全て元のままにした上、さらに返礼として鎧と太刀を寝所に置いて立ち去った。これについて『太平記』は「道誉がこの度の振舞い、なさけ深く風情ありと、感ぜぬ人も無かりけり」と伝える。この逸話が重要なのは、こういう振る舞いは前例がないということである。つまり故実に基づいた行為ではなく、道誉の創意による意表を突いた行動（敵への「風情」のある振る舞い）だった。これは美意識に基づく新しい行為規範の創出である。しかも敵の正儀が模倣するほど、そして市中の誰もが感心するほど、粋な行動だった。「婆娑羅」は、単に既存の権威を嘲弄するだけでなく、戦場に文雅と儀礼を持ち込むという新しい作法を提案したのである。

道誉は和歌や連歌にも実績を残した文化人でもあった。たとえば、一三五六年に最初の公的連歌集となった『菟玖波《つくば》集』が二条良基らによって完成した。この連歌集にもっとも多く入集したのは当時の第一人者救済《きゅうせい》であり、以下法親王尊胤《そんいん》、良基と続くが、四位は導誉の八一句である。道誉の実力はかなりのものだったと言えよう。なお『菟玖波集』が「准勅撰」(勅撰に准ずるもの)として認定されるには道誉の力が与ったと言われている。たぶん道誉は「勅撰」(天皇の命による事業)としたかったのだろうが、編者の二条良基さえ連歌は「当座の興」(その場だけ楽しい遊び)であると書いているくらいだから、さすがに漢詩や和歌に並ぶ「雅」の文芸とは認定されなかったのだろう。つまり雅俗で言えば、連歌は「俗」の文芸だったのである。道誉自身は和歌も詠めたが(勅撰和歌集にも一首入集している)、婆娑羅の彼が好んだのは当然連歌の方だった。そして連歌集を勅撰にしようという運動は、「俗」の成果を「雅」の代表の中に並べようというのだから、すでに既存の文化体制への挑戦であり、一種の下克上であったとも言えるだろう。

3　古典文化と輸入された文化

近代以前の日本には「雅俗」という文化的階級制度があって、これはだいたい貴族的と庶民的、都会(京都)的と田舎的、洗練と粗野、上品と下品といった分類に対応した。だが何よりも大事な基準は、古典文化を継承しているかどうかということだった。たとえば和歌を作る場合も、九〜一

○世紀ごろ（『古今集』前後）の和歌に用いられた言葉だけを使うべきだとされていた。うっかり同時代の言葉を使うと「俗」っぽいと非難されたくらいである。逆に言えば、もともと「俗」であった連歌は、和歌で禁じられている言葉をためらわず使うことができた。

古典文化の第一は文学、つまり漢詩文（『文選』や白居易の詩集など）や歌・物語（勅撰和歌集や『源氏物語』など）である。だから貴族や知識人の子弟はこれらの古典文学を懸命に学んだ。それがどういう風流をもたらしたかは、前章の御所の花見で取り交わされた歌の数々を思い出してほしい。古典の知識がなければ歌の意味がわからない。ジョークに笑うことすらできない。

第二は時と場合に応じてどういう服装をし、どう振る舞うかといった作法の前例。すなわち有職故実である。京都の貴族たちが熱心に日記を書いていたのは、一つには儀礼の詳細な前例を子孫に伝えるためであった。古典の世界は時代を超えて変わらないものであり、その世界の住人であることが「雅」であるとされていたのだ。

鎌倉時代、とりわけ承久の乱以降、政治的パワーを幕府が握ることになっても、文化的パワー（ソフト・パワー）が依然として京都にあったのは、古典文化の「雅」を一手に握っていたからである。たとえば源実朝が和歌を学ぼうとしたとき、遠く京都の藤原定家を師に選んだのもこのためである。実朝の死により源氏将軍が途絶えた後、幕府は京都から皇族ないし家格の高い貴族の家から将軍を迎えることになる。高貴な将軍は一人で来るわけではなく、多数の公家や女房を引き連れて移住した。その中には名の知れた歌人などもおり、彼らは鎌倉に京都文化を移殖する媒介者となった。鎌倉の武士たちは、自分たちが田舎者であると自覚しており、「本場」からきた「本物」の文化人から歌会のやり方とか、儀礼の作法とかを熱心に学んだのである（似たような現象として明治以降のパリへの憧れと帰朝者への尊敬がある）。

しかし南北朝の動乱期になると、この京都の文化的パワーは衰えを見せ始めた。京都の文化人の古典教養が低下したからではない。むしろ彼らの唯一の拠り所として、古典や有職故実の学習は懸命に続けられていた。彼らの責任ではなく、軍事的経済的権力を持つ階層が「雅」の文化を支持しなくなったからである。文化的制度は法律ではないから、文化に影響力のある人々の支持が失われればあっけなく崩壊する。婆娑羅の暴力が法親王の「雅」を簡単に吹き飛ばしたように。

婆娑羅の遊宴はある意味で古代以来の遊宴の続きである。けれども、平安期の王朝の遊宴と違って古典世界との連続の意識がない。前章の御所の花見で見たように、王朝貴族の歌のやりとりは全て古典の和歌の知識に基づいて行われた。それは古典的風流の世界に自分も属しているという意識から来ていた。けれども、道誉らの婆娑羅は古典を無視する。それは皇室や寺社の伝統的権威を一切否定する行動と表裏一体である。

ただし、その代わりに彼らは古典とは別の文化的パワーを利用した。中国からの輸入品である。彼らの宴会に「唐物」（中国製の舶来品）が溢れているのは、中国が日本の伝統的権威以上の文化的権威であったからだ。もちろん彼らは、だからといって、中国の古典世界に遊ぼうとするわけではない（中世禅林ではその気配はあったが）。ただ日本の古典主義者たちに有無を言わせぬために、唐物を利用する。先の道誉の逸話で書院の飾りに王羲之の書を掛け、韓愈の文集を棚に置いたのも、それが中国の古典世界で評価の高いものであったからだ。また会所に掛けたという三幅対の掛け軸も唐絵（中国製絵画）であったろうし、横に並べられた花瓶・香炉も唐物だったはずだ。それらは日本製にはない完成度や豪華さや技術力を持っていた。舶来品によって日本の古典世界に依存する旧来の貴族文化を圧倒するやり方は、たとえば日本刀にこめられた精神性（武士の魂）を説く者に対し、西洋の新式銃を持ち出して「刀はもう古いよ」と言うのに似ているだろう。

婆娑羅の美学というものがもしあるとすれば、現在の輝きだけを問題にし、過去の蓄積も明日への継承も視野に入れないものである。それは現在の官能的快感だけを極大にしようとする。だから感性的な訴求力の強さが重要になる。大きいこと、多いこと、豪華であること、異様であること。あるいは稀少であること、細部まで行き届いていること。一日の蕩尽に財力の全てを投ずることもいとわない。それは身近な者の裏切りによっていつ殺されるかわからない情況を生きる武士たちにとって、まさに身の丈にあった美意識だった。婆娑羅の反対語を探すなら、禁欲とか抑制ということになるだろう。言い換えればけち臭さと不自由である。道誉たちは、まさに全力で抑圧をはねのけ、潔く持てるものを精一杯放出した。ただし、アイデアと洗練をもって。たぶん当時の人々がそれらの行動に見出したのは、第一に既存の枠を破壊する力の大きさであり、第二に豪奢な美のわかりやすさであり、第三に意表をついたアイデアへの驚きであり、第四に蕩尽の潔さだった。これらが伐折羅大将を連想させたのかもしれない。

4 遊宴の茶会

室町初期の茶会のようすは『喫茶往来』と呼ばれる文書に残っている。「往来」とは手紙のやりとりのことで、『喫茶往来』は茶会を欠席した人に宛てて出席者が送った書状とその返事からなる。出席者は欠席者のために、当日の茶会がどんなふうだったかを細かく書いて送った。おかげで私たちは当時の茶会の実態を詳細に知ることができる。

まず「昨日の茶会においでにならなかったのははなはだ残念」といった挨拶から始まり、すぐに会所の様子の説明から始まる。「会所」というのは中世にはじまる建築用語で、集会のための空間である。平安時代には歌合などの集会は寝殿などの多目的空間で行われていたのが、中世には集会を目的とする空間が特別に作られるようになったわけである。以下おおまかに訳してみよう。

内の客殿には珠簾《たますだれ》を懸け、前の大庭には玉のような砂をしき、軒には幕を吊るし、窓には垂れ布を垂らす。会衆が集まるとまず酒が供され、山海の珍味の食事となり、甘い果物も出される。その後いったん席を立ち、思い思いに木陰に行ったり滝のそばで水風に涼んだりする。さてここに変わった建物がある。二階が桟敷になっており、四方に眺望が開けている。これこそ「喫茶の亭」である。左では仏画で有名な張思恭による彩色の釈迦が霊鷲山《りょうじゅせん》で説法をしており、右には牧谿《もっけい》の水墨画の観音像がある。釈迦は普賢・文殊の両菩薩を左右の脇持とし、観音の両側には寒山・拾得の二人の隠者像が飾られている。前方には重陽の絵、後方には対月の絵がある。画像の唇は赤く、瞳は青い。卓には金襴をかけ、胡銅の花瓶を置く。机には錦繍を敷き、真鍮の香匙《きょうじ》と火箸を立てている。活けられた花は瓶の外に溢れ、香炉からはよい匂いの煙が上がっている。客用の椅子には豹の皮を、亭主の竹椅子には金紗が敷いてある。さらにあちこちの襖には、さまざまの唐絵、たとえば四皓《しこう》や七賢といった隠者、竜や虎、白鷺や鴛鴦の花鳥画などが飾られている。いずれも日本のものではなく中国の品である。香台には堆朱《ついしゅ》と堆紅の香箱が並び、茶壺にはそれぞれ栂尾と高雄の茶袋が入っている。西のひさしの前には一対の飾り棚を置き、いろいろな珍しい果物が積んである。北の壁の前には一双の屏風を立て、闘茶の賞品がいろいろ飾ってある。

絢爛豪華、というしかない。しかも基本的にすべて唐物（中国からの輸入品）であり、極めて高価なものだった。もちろんただ価格と数量で圧倒するという下品なものではなく、飾り方にも工夫がある。会場の左右にはそれぞれ釈迦と観音の絵を配するのだが、それらは両脇に菩薩や隠者を従えて三幅対となっている。そして釈迦は彩色、観音は水墨という対比をなしている。対比という原則は前後にも適用され、前方には禅僧が朝の光の中で破れた衣を繕う「重陽」、背後にはやはり僧侶が月の光で経を読む「対月」の絵が飾られる（「重陽対月図」は禅宗絵画の画題）。そしてあちこちの襖の人物はいずれも賢人として有名な隠者である。つまりこの茶の湯のための空間は「脱俗」というテーマで一貫している。

やがて会衆が列座すると茶会が始まる。

まだ若い亭主の息子が茶菓を供する。上位から末座まで順序よく茶を献じていく。酒も出すがまだ誰も飲まない。四種十服の茶の産地を当てる勝負をし、茶の産地について善し悪しの評価をする。

「闘茶」はよほど面白いゲームだったらしい。手紙の筆者は「まさに人生の快事としてこれ以上のものがあろうか」とか「ほんとうに興奮あり、感動ありだ。これが楽しくない人間などいるものか」とまで言う。日が傾いて茶の湯が終わると「茶具を下げ、美食を出し、酒を勧め、盃を応酬する」。しかも「歌あり舞あり、一座はますます盛り上がり、管弦の大音量は近所の迷惑になるほどだった」という。茶会が終わると酒宴となり、歌舞音曲も加わっていつものように我を忘れる乱れ方だったのである。

今日のワインのテイスティング・パーティーのように、当時まだ珍しかった茶の飲み比べはおしゃれな社交であったのだろう。注目すべきはこの手紙の記述の中心が茶礼そのものより豪華な飾りのほうにあることだ。筆者は招かれた茶会に飾られた品々をかなり細かく記憶している。おそらく、当時の遊宴において人々が最も注目していたのは（つまり関心が向けられていたのは）飾られた品物だったのである。唐物は今日のブランド品と同じく、所有者の富のレベルを示すシンボルとしての価値を持っていた。だからこそ、その飾り方はこれでもかというほどの量で圧倒する戦略となりがちなのである。

もっとも量も過ぎれば質に転化することがある。過剰ということがそれ自体一つの美的迫力をもつのである。『太平記』の伝える佐々木道誉の花見はその好例であろう。彼の「婆娑羅」な花見が当時の人に与えた驚きは、今日なら初めてディズニーランドを訪れた子どもが受けるものに近いかもしれない。『喫茶往来』に記録されている茶会は道誉の花見とよく似ている。会場空間は珍しい唐物によって華麗に装飾され、やはり輸入品の香がたかれ、闘茶のゲームと豪華な賞品があり、飲食をともなう宴会となり、歌舞音曲で盛り上がり、最後は酔っぱらう。花見と呼ぶか茶会と呼ぶかは、単なる名目の違いだけのように思えるほどだ。

5　茶数寄の条件

室町時代には、「数寄」の語は和歌よりも茶の湯に結びつけられるようになってくる。室町中期の歌人正徹は歌人のランクを茶人になぞらえて説明している。彼によれば茶人には「茶数寄」「茶飲み」「茶食らい」の三種類があるという。

歌の数寄にもいろいろあるように、茶の数寄にも上中下の別がある。まず「茶数寄」というのは、茶碗・茶釜・水差しなど色々の茶道具の立派なものを十分に持つ者である。歌でいえば、硯・文台・短冊・懐紙などは美しいものを用意し、いつでも必要なときに歌を詠むことができ、歌会を成功させることができる者が、茶数寄にあたる。「茶飲み」は、茶道具については関心がないが、茶の味は分かる者である。たとえば闘茶の場で、単に「宇治茶」と当てるだけでなく「これは三番茶だ、三月一日あたりに摘んだものだろう」とか、栂尾の茶なら「これはとばたの茶園だ」とか「これはさがざまの茶園だ」などと飲みあてる者である。歌人でいえば、歌の評価基準を知り、言葉の使い方にも通じ、内容のよしあしもわかり、人の歌を見て正確に判定できる者、つまり歌の本質が正確にわかっている歌人である。さて「茶くらい」というのは、くず茶であろうと良い茶であろうと、茶でさえあれば大茶碗でがぶがぶ呑んで味などわからない者のことである。これを歌人にあてはめれば、言葉の選択もなく、内容のよしあしも検討せず、下手の会にも上手の会にも気にせず出席して、ただたくさん詠むことを好む者である。こうして数寄にも三種類あるわけだが、どれかであれば、座に連なるものである。

『正徹物語』第二〇一段

まず当時「数寄」という言葉は、歌なり茶なりをたしなむ者全般を指していたことがわかる。次にそれを品等論でランクづけし、最上階のものだけを「茶数寄」と呼ぶ。つまりこれだけが本当の数寄だというのだろう。品等論とは、なにごとであれ上品《じょうぼん》・中品《ちゅうぼん》・下品《げぼん》（あるいは上等・中等・下等）の三段階に分ける批評行為であり、和歌の分類にも用いられている。三段階で足りないときはさらに三分割して「上の上」から「下の下」までの九段階にする（たとえば藤原公任『和歌九品』）。ここで注目されるのは、正徹は歌と茶の数寄を三段階に分けながら、最後にはそのランクにかかわらず、数寄でさえあれば歌会や茶会に出席してよいとしていることである。下等なやつがいると優雅な雰囲気が壊れるから排除しよう、などといった差別をしないのだ。ここには当時の「座」という社交の場が平等を理念としていたことがわかる。ただ一つの条件は「数寄」、つまり歌が好き、茶が好きということなのだ。

驚くべきは、定家のような歌の道に達した者、つまり歌道の本質がわかっている者は「茶飲み」にあたる中等のランクだということである。上等は「茶数寄」にあたる者だが、これは美しい文房具を揃えて歌会を成功させる者だとしている。言うまでもなく正徹は歌人であって、茶人ではない。つまり茶人がよく知っている茶の湯を基準に、よく知らない和歌の話をしているわけではない。自分がよく知っている和歌の話をするために、誰でも知っている茶の湯にたとえているのだ。そもそも正徹は定家を敬慕し、定家の後継者をもって任じていた。それなのに、立派な茶道具で美しい茶会を開くことができる茶人を「茶数寄」と呼び、それをモデルに歌人もまた歌会というイベントをうまくこなせるかを基準に評価しているのである。「茶飲み」にあたる歌人にとって和歌とは一首ごとの作品のよしあしが評価対象だとすれば、「茶数寄」にあたる歌人にとっては歌会という一日の公演のよしあしが評価対象となる。会がのちに評判となり、語り伝えられるようなら、それは成功なのである。ちょうど前代に勅撰集に選ばれて後世に残ることが和歌の成功であったように。

中世の歌会や茶会はもはや平安貴族の風流な生活スタイルではない。必ずしも古典の深い知識は求められなかった（あったほうがいいには決まっているが）。それはむしろ古代の遊宴に近いかもしれない。とはいえ「君臣相和す」ことが理想であった天皇中心の儀礼的イベントではない。中世の「座」では一種の平等が社交の前提としてあった。そこでは社会の身分秩序が棚上げされ、歌会や茶会を仕切るのは当番にあたった会の主催者か、その道の先達（専門家）であったからだ。もっとも実際に企画を考え、当日の運営を実行する担当者は、しばしば僧形の遁世者だった。

遁世者は世間を捨てて社会の身分秩序の外部に出た者であり、それゆえ身分の高い者とも同じ空間で社交をすることができた。当時の社会規範では身分の低い者が高い者と同座はできない。対面するにしても、身分の低い者は庭に座って屋内の貴人と会話した。しかし出世間の僧侶には世間のルールは適応されなかったのである。遁世者には正徹のような本物の僧侶から、長明や兼好のように出家しただけの文人、能阿弥や相阿弥のように時宗の僧であることを示す阿弥号（「〜阿弥」という名前）をもち将軍家や大名に仕えた芸能の専門家、さらには形ばかり頭をまるめて阿弥号を名乗るいいかげんな芸人までいた。道誉らが田楽や白拍子といっしょに引き連れて、惜しみなく賞品を与えたという遁世者は、おそらく座を浮き立たせるための芸人であったろう。

中世の数寄の会合がそれまでの遊宴と決定的に違っていたのは、道具とそれを飾る空間設営、つまり「飾り」(「荘厳《しょうごん》」)が重要になったことである。会が成功するためにはよい道具を揃える必要があった。良い道具の蒐集に必要なのは財力と鑑識眼である。道具のコーディネートと空間デザインに必要なのは美意識である。中世の茶会が婆娑羅風の人目を驚かす「風流」から脱して、しだいに「飾り」の洗練を求めるようになるにつれ、新しい美意識にもとづくスタイルが生まれてくる。今日言うところの「わび」「さび」である。それは大名ではなく、遁世者たちの美意識であった。そしてこれと並行するように、中世の数寄からは女性の姿が消えていった。

Ⅵ
隠者の侘数寄

1　禅林の茶と岡倉天心

栄西以来禅寺では日常的に茶が飲まれてきたが、もちろんそれはゲームのためではない。といって風流のためでもなかった。健康飲料としてである。無住の『沙石集』にはこんな逸話が載せられている。


ある牛飼が茶を飲んでいる僧にたずねた。

牛飼「それはどんな御薬ですか。私にも飲ませていただけませんか」

僧「よろこんでさしあげましょう。これには三つの徳があります。

　第一に、坐禅は眠くなるものだが、これを飲めば夜も眠ることがない。

　第二に、食べすぎたときに飲めば、消化が進んでからだが軽くなり、気分もすっきりする。

　第三に、性欲がなくなる」

牛飼「そんなものは飲めません。昼はずっと働いてるので夜こそ足を伸ばして眠りたいのに、眠れないのでは困ります。もともと腹いっぱい食べられないのに、それさえ消えるのではお腹が空いてしまいます。それに不能になったのでは女が寄りつかず、洗濯もしてもらえません」

どんなことも人によって善し悪しは違うものだ。

もちろんこれは笑い話である。ただ、当時の僧侶たちは茶を愛飲する理由としてよくこういうことを言っていたのだろう。そして世間もそれを知っていたのだろう。栄西も『喫茶養生記』で眠気や二日酔いや便秘に効くとか、消化・利尿の作用を書いているから、このあたりが茶の公式のメリットとされていたようだ。なかでも最大の理由はカフェインのもたらす覚醒作用だったと思われる。『沙石集』の僧も薬効の第一にあげている。学問にせよ座禅にせよ、当時の僧侶にとって集中力の維持は重要な課題であった。茶は当初実用的な薬だったのだ。

だが現在の茶道のイメージはわび・さびの芸術であって、まるでかけ離れている。そのイメージを決定的にしたのは、おそらく岡倉天心の『茶の本』だろう。これは、茶道の本質を表した名著として今なお読み継がれている。そこでは禅宗や道教の影響をうけつつ、いかに中国で茶の文化が発展し、日本で茶道という「一種の審美的宗教」となったかが語られている。そして住居、習慣、衣食、陶漆器、絵画、文学等、日本文化の全てがその影響をこうむっているとされ、こう述べられる。「茶道の影響は貴人の優雅な閨房にも、下賤の者の住み家にも行き渡ってきた。わが田夫は花を生けることを知り、わが野人も山水を愛でるに至った。」(村岡博訳、以下同)

日本人は上流階級ばかりか無知蒙昧な下層民でさえ風流を知っているが、それは茶道のおかげだというわけである。

『茶の本』は英語で書かれ、アメリカで出版された。天心自身による日本語の草稿も翻訳もなく、私たちが現在読んでいるのは別人による邦訳である。おそらく天心の念頭には日本人読者のことはなかった。というのも、天心がこの本を出版した動機は西洋人へのプロパガンダであったからだ。天心のスタンスは次の文によく表れている。

「西洋人は、日本が平和な文芸にふけっていた間は、野蛮国とみなしていたものである。しかるに満州の戦場に大々的殺戮を行い始めてから文明国と呼んでいる」

もちろんこれは西洋の読者に向けたレトリックであって、殺戮の能力を文明の基準とする西洋人と、平和な文芸の洗練を追求する日本と、どちらが本当の文明国かと問いかけているのだ。西洋人がまだアジア人を野蛮ないし発達途上の人種と見下していた時代に、その偏見を正そうとして本書は書かれた。天心の専門は日本美術であり、茶人でもなんでもない。けれども彼が戦略的に選んだテーマが茶道だった。天心は茶道の精神性がどれほど深く、その美意識がどれほど洗練されているかを美しい文章で綴って、日本そして東洋の文明の高さを宣伝しようとしたのである。本書の出版は一九〇六年（明治三九）、ちょうど日露戦争に勝利し、日本が新興国として注目され始めた直後であった。そのせいか、すぐにフランス語、ドイツ語など西洋諸国語に翻訳された。日本語訳は天心の生前にはなく、没後も十数年を経てようやく一九二九年（昭和四）に村岡訳が岩波文庫として出版された。茶人からみると内容が観念的で、茶事の現場には役にたたなかったせいか、茶道界ではあまり関心を引かなかったようだが、知識人や学生からは大きな共感を得た。日本文化の哲学的・美学的本質がここに語られていると見えたからだろう。日本文化の精髄としての茶道というイメージはこの本の影響下に生まれたと言ってよい。今でも、日本の美意識の特徴として「わび」

「さび」をあげ、それらを代表する伝統文化として茶道をあげるのは、ごく一般的なことである。

こうしてみると、栄西が中国の新薬として導入した茶と現在の茶道とはまるで違う。いったい実用的な健康法であった「喫茶」がどのように「茶道」へと変身していったのか。次にその途中経過を見てみよう。ところで「茶道」というのは近代の言い方なので、これからは昔の言い方をそのまま使って「茶の湯」と表記することにしよう。いちおう断っておけば「茶の湯」とは単に茶を飲むこと(これは奈良時代の寺院から始まる)ではなく、イベントとしての茶会を中心とした芸能ないし趣味の一分野のことである。

2　嵯峨天皇と納涼の宴

茶の湯が中世日本に流行した一つの要因は、それが中国渡来の文化だったことである。中国でも当初は医薬品として飲まれていた茶がやがて嗜好品となり、唐代に広く流行した。日本には最澄が持ち帰ったのが初めという伝承もあるが、八一五年に大僧都永忠が嵯峨天皇に茶を献じたと『日本後紀』にあるから、少なくとも平安時代の初めには入っていた。栄西より四百年くらい早い。このとき嵯峨天皇はよほど気に入ったのか、各地に茶を植えて毎年献上させることにしたという。明治期の指導者が西洋文化の導入によって日本の近代化・グローバル化を計ったように、嵯峨天皇は中国文化の導入によって日本文化をグローバル化しようとしていたから、中国で流行している喫茶の風習は望むところであったのだろう。

嵯峨天皇の時代は勅撰漢詩集が三つも出るほど漢詩の盛んな時代であったが、その中の茶を取り上げた詩を見ると、当時の貴族の茶の姿がわかる。まず、「茶を搗《つ》く」という記述が多い。最初日本が輸入した喫茶法は団茶といって、茶葉を団子状に固めるものだったことがわかっている。また茶具の記録にも薬研《やげん》がある。貴族たちは自ら団茶を薬研に入れて搗き、粉末となった茶に湯を注いで飲んだようだ。そして彼らの漢詩を見ると、茶を搗くことを、詩を吟ずるとか琴を弾くとかといった行為と並べている。つまり茶を飲むのは特別な文化的行為であって、日常の生活ではない。たとえば嵯峨天皇の詩の中に「詩を吟じながら香り高い茶を搗くのは嫌いじゃない。興に乗れば雅びに弾く琴を聞くのもいい」(『凌雲集』)とある。詩の題は『夏日左大将軍藤原冬嗣閑居院』というのだから、これは冬嗣《ふゆつぐ》邸での遊宴とみていい。また皇太弟(のちの淳和天皇)も同じ日に『夏日左大将軍藤原朝臣閑院納涼』という題の詩で「見晴らしよりも風を求めて松の下陰にゆき、琴を提げ桐の間で茶を搗く」(『文華秀麗集』)と、やはり納涼の遊宴で琴と茶を並べている。当時の貴族たちは、茶を自ら淹《い》れて飲むという行為を、詩の吟詠や琴の演奏などと同じ風雅な行為の一種として捉えていた。しかもそれは遊宴の一部であった。

嵯峨天皇は宴会好きだったと言われる。また琴を愛したことでも知られる。その嵯峨天皇が八一四年夏、臣下の冬嗣の別邸(閑院)に行幸し、冬嗣は納涼の宴で迎えた。そのとき天皇の趣味に合わせて群臣が従駕応召の漢詩を献じ琴を奏して「君臣相和す」とともに、喫茶をプログラムに取り入れたのである。なお女性がこの席にいたかどうかはわからない。しかしこの会の成功に対して嵯峨天皇が冬嗣に従三位を、無位であったその妻美都子に従五位下を授けているから、やはり女性たちも関わっていたと思われる。

もっとも酒と違って苦い茶をじっさいに日本人が楽しんでいたのかどうかはわからない。嵯峨天皇が没すると次第に唐文化の模倣意欲が薄れてゆき、いわゆる国風文化の時代が始まると喫茶の風習もすたれていったからである。このころ漢詩に代わって和歌が宮廷の中心文芸になったけれども、だからといって漢詩が作られなくなったわけではない。だが茶葉を搗くという唐風ファッションは、いったん流行遅れになると、もうわざわざ行うほどの魅力がなくなったようである。

喫茶の風習が再び注目されるのは、中世初め、禅僧栄西が宋の新しい飲み方である抹茶法を伝えてからである。神道ではお神酒をあげるけれども、僧侶は酒を禁じられているから、寺院の儀式では酒を用いない。代わりに茶を献じる。これを「茶礼」という。中国に留学した禅僧たちは本場の寺院の作法書である「清規《しんぎ》」を持ち帰ったが、その中に茶礼についての記述があった。当然のように日本の禅寺でも茶礼が行われることになる。つまり抹茶は禅宗の必需品になる。けれどもなぜ茶なのか。栄西は『喫茶養生記』を著して茶の健康飲料としての価値を説いた。しかしたちまち新しい喫茶の習俗は、健康法というより最新の中国文化享受法として日本に広まっていった。それは嵯峨天皇のときと同様、遊宴の一部としてである。ただし今度はメインプログラムであった。それが闘茶である。

3　ゲームとしての茶の湯

中世の茶の湯の流行は、茶を飲んで産地を当てる「闘茶」というゲーム形式の発明のおかげと言ってもいい。中世文化の特徴として「座」の文化と言われることがある。参加者たちは古代の基準で言えば「俗」の階級に属する者が中心であったからだ。貴族だけでなくさまざまな階層の人々が集まり、全員参加で何かをするという文化イベントが流行し、そこからのちの日本文化を特徴づけるものがいくつも生まれた。その会合は「寄合」や「座」と呼ばれ、そこでのプログラムとして「闘茶」とか「十種香（十炷香）」とか「連歌」とかのゲームが発明され、その空間として「会所」が、その空間装飾として「立華」や「生け花」が登場した。ひらたく言えば、遊宴が拡大し、多様化したのである。この遊宴の成功は、参加者たちがどれほど楽しむかにかかっている。そこで主催者は参加者が熱中するようなゲームを用意したのである。闘茶は健康とはほど遠い。勝負に興奮する闘茶の後には酒宴が続き、乱酔乱舞となるのだから。茶はむしろ集団的興奮と昂揚のための道具だったのだ。喫茶の風習が禅林を出て闘茶となったとき、その性質が大きく変わったのである。しかも茶の湯は中国渡来のファッショナブルな文化とみなされていたから、気取った遊宴に好適のプログラムだったのである。

ではそのような茶の湯が、どうしてわび・さびの茶の湯になっていったのだろうか。そのプロセスはよくわからないが、少なくとも幾つかの変更が必要である。第一に美意識における婆娑羅的華美の否定。第二に遊宴からのゲーム性の排除。第三に文化的価値序列における唐物崇拝からの脱却。そして最後に、過去の宮廷の風流を憧れないこと。

闘茶が流行したのは、勝負を争い賞品を賭けたゲーム性による。人は面白いゲームがあればついはまりこむ。興奮し、熱中し、時の経つのを忘れる。だからゲームはたいてい遊宴の中心的プログラムとなる。ということは、ゲーム性を排除したとき、その茶会からいちばん面白い要素がなくなってしまうわけである。茶会がそれでもなお魅力的であるためには、何か別のものを用意する必要がある。

ここにゲームという興奮材料とは反対の、むしろ精神を弛緩させる要素を導入してリクリエーションとした茶の湯形式が登場する。「淋汗《りんかん》茶湯」つまり入浴とセットになった茶会である。むろん豪華な飾りもあり食事も酒宴もつくし、茶会だから茶も出るのだが、もはや主眼はゲームの勝負ではない。夏の暑い日にみんなで風呂に入って汗を流してさっぱりしようというのだから、今日の温泉での宴会と似たようなものと思われる。この「淋汗茶湯」は奈良あたりで流行ったようだが、その奈良から村田珠光が出てくる。

現在の茶道の祖は千利休であり、そのわび茶の源流を辿ると村田珠光であるということになっている。たしかに珠光には婆娑羅とは対極の美意識が見られるし、おそらくゲーム性もそこにはない。しかし、完全に遊宴から離れたわけでもなかったようである。

道誉以降も遊宴は行われた。婆娑羅的な遊宴には財力が必要だから、そういうものは将軍や大名たちしか主催できない。やがて婆娑羅的なしつらえは、よほど豪華でなければ参加者を驚かせられなくなってくる。前例よりも豪華でなければ評判にならないというインフレの法則がはたらいてくる。精一杯の蕩尽をしても「この間の会に比べればたいしたことはない」などと言われてしまう。ここに量のほかに質の側面が評価の基準となってくる。独創的な趣向で客を驚かせるとか、室内装飾や空間設営の美しさでうならせるなどである。遊宴の主催者は、来客に感銘を与えるアイデアや美的センスが要求されるようになる。高価な品々を並べて客を圧倒しても、それは財力の誇示にすぎない。洗練された美的設営を誇ろうと思えば、感性はもちろん知識も教養も必要になる。こうして同朋衆という専門家集団が京都の足利将軍家に雇われることになる。彼らは将軍家所有の唐物(中国製文化財)を鑑定し、分類し、時宜に応じてそれらの展示、いわゆる「座敷飾り」を行った。それは茶の湯を点てる方式を含んだ。たとえば台子の使い方などである。彼らは、どうすれば飾りや点前が美しく効果的になるかを研究したのである。

村田珠光はそのような同朋衆の推薦によって登場したと『山上宗二記』は伝える。利休の弟子であった山上宗二の記述を信ずるなら、珠光の茶の湯もまた遊宴と飾りにおいて優れていたからこそ世に出たのである。宗二によれば、足利義政は隠居後あらゆる遊びに飽きたのち、同朋衆能阿弥の勧めによって珠光を召し、究極の遊びとして茶の湯を始めた。

将軍職を退いた義政公は東山に隠居して、四季を通じ昼も夜も遊興の生活を送った。『源氏物語』を読ませたり、歌・連歌・月見・花見・小弓・扇合わせ・草尽くしなど、さまざまな遊びを楽しんだ。ある秋の末のことである。義政公は能阿弥を呼び出して言った。「ありきたりの遊興はもうやり尽くした。まもなく冬だが、雪山を分け入って鷹狩りをするのも老人の身には似合わない。何か珍しい遊びはないか」。そこで能阿弥は進言した。

「茶の湯はいかがでしょう。これなら冬だけでなく、春・夏・秋ともに楽しめる遊びでございます。ちかごろ奈良の称名寺に珠光と申すものがおりますが、この道にもっとも深く通じ、三十歳以後は茶の湯一筋の者でございます。（中略）唐物で座敷飾りをしますと、時を超えた物を眼前に見ることができますが、これは名品のもつ徳でしょう。小壺・大壺・花入・香合・絵・墨跡など、古道具での御遊びなら、茶の湯に勝るものはありません。また近ごろは禅宗の墨跡を茶の湯に用いまして、珠光は一休和尚から贈られた圜悟《えんご》の墨跡を茶席に飾って楽しんでおります。つまり、仏法も茶の中にあるというわけでございます」

この進言により義政は珠光を召し出して茶の湯の師匠とし、その後の楽しみはただ茶の湯ばかりであった。『山上宗二記』

これによれば、義政にとっても能阿弥にとっても、珠光の茶の湯は連歌や花見や小弓などと並ぶ遊興の一種である。もし義政がもっと元気だったら、茶の湯ではなく鷹狩りをしていたかもしれないのだ。さらに能阿弥が茶の湯の利点としてあげているものをみよう。第一に冬のみならず「春・

夏・秋ともに面白き御遊び」つまり花見などと違って四季を通じて遊べること。第二に義政所有の数多くの唐物の名品を念頭に、さまざまの古道具を飾りつけるのに茶の湯ほど最適なものはないということである。けれども茶の湯のゲームとしての面白さにまったく触れていない。おそらく珠光の茶の湯は既に闘茶を排除していたのだ。

むろん山上宗二の見てきたような記述をそのまま歴史的事実と信ずることはできない（そもそも能阿弥は義政が隠居する前に没している。もっとも義政は将軍在職中から趣味生活にはまっていたから、隠居前の話としてならありえないではない）。しかし「つまるところ、茶人の精神は完全に禅によらねばならない」（「畢竟、数寄者の覚悟、全く禅をもってすべき也」）とむやみに「禅」を振り回す『山上宗二記』でさえ、珠光の茶の湯が世に出た契機が「遊び」と「飾り」とにあったとしていることが重要である。それが当時の茶の湯に対する一般的な認識だったのだ。

宗二の記述からわかることは、当初珠光の茶の湯が高く評価されたのは、彼が茶の湯を「遊び」から別のものに転換したからではなく、遊びの場における彼の「飾り」の仕方が新しかったからだということである。彼は新しい飾りの原理を持ち込んだのである。その一つは婆娑羅に代わる新しい美意識である。もう一つは墨跡の導入が意味するものである。だがまず新しい美意識のほうを問題にしよう。

金春禅鳳《こんぱるぜんぽう》によれば、珠光は「月も雲間のなきは嫌にて候」（『禅鳳雑談』）と語ったという。皓々と輝く満月の姿を見るよりも、少し雲に隠れたりするほうがいいというのである。まさに、できるかぎり豪華にという婆娑羅とは正反対の美意識である。これは茶道具の選択に端的に現れる。珠光は唐物を嫌ったわけではないけれども、同時に備前や信楽などの日本製の焼き物を使った。能阿弥があげた小壺・大壺・花入・香炉・香合など、茶道具としての唐物の特徴は、技術的完璧がもたらす造形の完全性にある。歪みのない形、つるりと滑らかな肌、むらのない色艶。工業製品に慣れている現代の私たちには当たり前の特徴が、当時はとてつもない技術だった。中世日本の技術水準ではまだ唐物のような陶磁器をつくることができなかった（そもそも日本で磁器が作られるようになるのは江戸時代からである）。だから唐物の美とは、完全性の美であると言ってもよい。一方、備前や信楽はこれと対極にある。これらの陶器は焼き締めという方法で作られる。じつはただ土を焼いただけ（素焼き）の器は微細なすき間が残って水が洩れる。そこで普通の陶器は水漏れを防ぐため、素焼きした器の表面に釉薬を塗って焼く。釉薬はガラス化して表面を覆う。この薄いガラスが水漏れを防ぐわけである。ところが焼き締めは釉薬を使わない。ただ高温で何日も焼く。すると器の全体が収縮して穴が潰れ、水漏れがしなくなるのである。ただし副作用がある。収縮は均等に行われないので、形が歪んでしまうのだ。どこがどの程度歪むかは、窯から出してみるまでわからない。つまり偶然に委ねられる。だから備前や信楽は、表面にガラス質がないので肌がざらざらしているうえ、全体の形が一つ一つ個性的に歪んでいる。それをあえて茶席で使うということは、唐物とは正反対の何かをそこに求めたということである。

珠光の弟子に宛てた手紙を見ると、近ごろ「冷え枯るる」と称して備前や信楽の道具を使うのが流行っているが、初心者のうちはやめたほうがいいと忠告している。ここから新しい美意識は「冷え」とか「枯れる」と呼ばれていたことがわかる。じつはこの「冷え」という美的理念は中世に起こった新しい規範であり、世阿弥の能楽論や心敬の連歌論、長谷川等伯の画論などにも出てくる言葉である。ではこの「冷え」は、従来の美とどこが違うのだろうか。そのヒントは金春禅鳳の『禅鳳雑談』の中にある。禅鳳は能楽師だが、この書は中世文化のさまざまなジャンルについて書き残している。そこで彼は、唐物に代わって備前など日本の焼き物が茶道具に使われる傾向があることを報告したあと、唐物の造形は見事だが備前のように「沁み」ることがない、と指摘している。つまり誰もが一目でわかる造形の美しさではなく、心に沁みてくるものが最近の茶の湯では求められているというのである。婆娑羅の美は一目で誰の眼にもわかる魅力がある。輝き、色彩、造形の完全性などは、官能的な刺激であって、なんの知識や経験もなくとも、またそのコンテクストを何も考え合わせなくとも、美しいと思う。けれども、沁みるとはそういうものではない。珠光が初心者に「冷え枯るる」茶の湯を禁じているのも、備前などの道具を使いこなして「沁み」る効果を得ることが簡単ではないからだ。これが宮廷の「雅」ではないことに注意しておこう。備前の壺の鑑賞に感性の訓練は必要かもしれないが、古典の知識は必要がない。しかもその美は「花紅葉」（春の桜と秋の紅葉）に代表される優艶な官能美ではない。むしろ当時書かれたものを見ると、「冷え」とは「花紅葉」とか「唐物」とか「婆娑羅」の美に対立するものとして意識されていた。つまり唐物崇拝からの脱出は、唐物を否定することではなく、唐物の完全性を美しいと見る従来の美的規範とは別の新しい規範を導入することによってなされたのである。ただし段階として初心者はまず唐物の美（花紅葉のわかりやすい優美）を知り、その後にこれを超える「沁み」る美を学ぶものとされた。単なる官能的な美よりも心に沁みる「冷え」の美はより高級なものと位置づけられたのである。

次に「墨跡」について。これは文字通りにとれば墨の跡だが、日本ではとくに禅宗の僧侶の肉筆を指す。そして室町末期から茶室の掛け物として用いられるようになる。じつは珠光が一休からもらった圜悟の墨跡を茶席に飾ったという『山上宗二記』の記述には確かな証拠がない。けれども珠光が僧侶であったこと、大徳寺と関係のあったことは確実で、彼が墨跡を持っていたとしても不思議はない（なお養子の宗珠は臨済僧）。だがここでは、山上宗二の時代にはすでに墨跡を茶席に掛けることがふつうになっていたこと、その淵源が珠光に仮託されていたことさえ確認しておけばいいだろう。つまり墨跡の茶室への登場は侘び茶の創始と関係があるとみなされていたということである。

それまで茶の湯の飾りに用いられる掛け軸は絵画だった。『喫茶往来』で挙げられていたように、観音などの神仏、著名な古人の肖像、あるいは風景や動物を描いたものである。しかし墨跡の多くはもともと鑑賞用ではなく、師が弟子に書き与えた手紙や証書などの文書である。視覚的にはかなり地味といってよい。それを軸装して飾ろうという発想は、これまでの美意識では出て来ない。初めて茶会で床の間に墨跡を見た客はたぶん驚いたであろう。けれども同時に、これが新しい種類の空間を作り出していることに気がついたのであろう。

圜悟の墨跡を飾ることで、いかなる空間が出現するのか。まずこの掛け軸の意義は装飾的価値にあるのではないことを確認しておこう。当時禅林では詩画軸という掛け軸が流行していたが、これは縦長の軸の上部に禅僧の詩を、下部に水墨の山水などを描いたものであり、室内装飾品として珍重されていた。だから珠光が華美な唐絵の代わりに渋い詩画軸を用いたというなら、これはわかりやすい。中国文化の輸入基地であり、文化のファッション・リーダーであった禅林の最先端の室内装飾品を用いたということなのだから。ところが圜悟の墨跡は絵画でないばかりか、詩ですらない。茶掛けにされた圜悟の墨跡はいくつかあるが、珠光の持っていたとされるものは弟子の獲得した悟りについての長々しい文章にすぎない。当然ながら鑑賞を意識して書かれた書ではない。詩についてはあれこれ談義をすることができる教養人も、悟りの証明書についてはほとんど沈黙するほかなかったろう。つまり従来の掛け軸はもともと装飾用ないし鑑賞用に作られた絵画や詩を利用していたのに対し、墨跡は飾りと言うにあまりにも超越的でとりつくしまがなかった。

しかしそれは決して床の間に置くに堪えない安っぽいものではない。中国伝来であるから、一応唐物である。しかも圜悟は『碧巌録《へきがんろく》』の著者として知られた高僧である。室町文化を担った五山の寺院はみな臨済禅であったが、『碧巌録』は臨済宗で宗門第一の書とされている。だから圜悟の墨跡が貴重であることは豪華な唐絵に劣らない。ただし、貴重の意味が違う。それが貴重なのは、聖者の痕跡だからである。だから圜悟が何者かを知らない俗人には、ただの地味な文書にすぎない。

それは古典の知識がない者には漢詩も和歌も理解できないというのに似ている。「総じて墨跡は第一祖師、第二は語」(『山上宗二記』)と言われたように、墨跡の価値は第一に書き手の禅僧としてのランクで、第二に文言の内容で決まるのだが、これは禅宗世界の共有している基準によって書き手や文言の価値が決まり、墨跡はその価値あるものの痕跡として意味があるということである。その価値は直接感性によって計られるものではなく、歴史や思想などに思いをいたすことによって初めて生じてくるものである。こういうものは快楽を追求するタイプの遊宴には向かない。だから禅僧の墨跡を飾るとは、単に新しい美意識に基づく飾りのスタイルを発明したというようなものではなく、新しい遊宴の様式の発明なのだと言えるだろう。それはいかなるものか。

4　隠者の遊び

前章に紹介した『喫茶往来』を思い出してほしい。装飾の特徴として豪華であることの他にもう一つ注目すべきことがある。唐絵の題材を見ると、仏画や花鳥画のほかに隠者を描いたものが多いことである。「寒山」と「拾得」は唐代の伝説的な隠者であり、「四皓」は漢代に商山に隠棲した四人の隠者、「竹林の七賢」は晋代の七人の隠者である。「四皓は世を商山の月に遁《のが》れ、七賢は身を竹林の雲に隠す」という文面からみれば、手紙の筆者もその受け手も彼らが何者か承知している。おそらく当時輸入された唐絵にはたくさんの寒山拾得図などがあり、隠者は既に日本人にとってなじみの画題となっていたであろう（ほどなく日本の画家自身が寒山ら隠者を無数に描き始める）。むろんそれ以前から中国古典を必須教養とした日本の知識人たちは、中国では伝統的に脱俗の隠者が尊敬されてきたこと、ときには理想の人生のように語られてきたことを知っていた。しかし隠者が日本文化に大きな役割を果たすようになるのは中世である。

日本文学史には「女房文学から隠者文学へ」という言葉がある。平安文学の中心は女房、中世文学の中心は隠者だという意味だ。じっさい中世は俗世間を脱出した遁世者や隠者が多数出現した時代であった。俗世間を捨てて山奥に隠遁する者も、都市（ないしその周辺）に住みながら社会制度の外に立つ者もいた。脱俗の程度はさまざまで、山中にひとり木の実で露命をつなぐ者もあれば、僧衣を着ながら世俗の交わりは断たない者もいた。一休のように市中で酒をくらい女と交わりながら誰もが出世間の人と認める「風狂」もいた。

原則として隠者は実用的な仕事はしない。すればたいがい俗世の秩序に組み込まれるからだ。寺に入ればまた寺院の秩序があり、義務や規則に囚われるから、隠者はそこからも脱出して一人生きる。つまり徹底して自由である。やることは遊びしかない。文学であれ、琴棋書画であれ、友人との清談であれ、何かのためではなく、それ自体が目的の遊びである。いや行為そのものを楽しむなら、座禅も掃除も儀式もみな遊びとなるだろう。禅の至高の境地を「遊戯《ゆげ》」という。すべてから解放された者の行為は義務や慣習や必要にかられたものではないし、またいったん行為を始めてもそれに縛られることはない。結局遊んでいるのと変わらないというわけである。たとえ一休の振る舞いのように、俗世の常識からは狂気の沙汰に見えようとも。つまり隠者になるのは精神の自由を確保するためだが、そのとき生活は遊びと同じものになるという思想があったのだ（むろんこれらは経済的保証があってのことなのだが）。

日本で「隠者」の語には、真理（ないし救済）を求めてひたすら山中で修行するという求道的遁世者（浄土教に多い）と、気に入らぬ社会を逃れて自由に生きる中国的賢者の二つのイメージがある。鴨長明の『発心集』に見られるように鎌倉時代の隠者は前者の色が濃く、室町文化の隠者には後者の影が強い。室町期の文化的中心は五山と呼ばれる禅宗寺院であり、そこを起点として隠逸趣味が流行していたのである。それはまさに趣味であって、実際に山中に隠遁するわけではない。隠者の生活を理想とし、想像し、それを少し真似てみるだけである。仮に隠棲するとしても、必ずしも世間との関係を絶つわけではない。それをよく表すのは当時流行した水墨の詩画軸山水画である。もともと絵画には「行けない場所」を再現して訪れた気になったり、「会えない人」を眼前に見せて思いを馳せたりする機能がある。中国の古い絵画論を読むと、山水画の役割は名山などの風景を居ながらに見て、実見したのと同じ気持ちになることだとある。

今日残る室町時代の詩画軸山水画には、よく見られる構図がある。背後に高い山がそびえ、手前に川を臨んで松の大樹があり、その陰に小さい一軒家がある。この家はむろん隠者の住まいである。彼はそこに一人暮らして（召使は勘定に入れない）、清涼な山気に浴し、澄んだ流れに口を漱ぐ。花紅葉はないが、松を吹く風が天然の音楽となる。山の中ではあるが、背後の高山のように人を拒む峻厳さはなく、おそらく里からさして遠くない。世俗の喧噪は遮られているが、友人が訪れるのを妨げるほど離れてはいない。栄達や利殖やそれに伴うストレスはないけれども、琴棋書画をはじめとする遊びには事欠かない。まさに悠々たる生活であり、脱俗の理想である。山中に一人苦行する隠遁者とは大違いの、ゆとりある文化生活である。これらは僧坊の書斎を飾るために制作されたものらしいが、この構図の需要が多かったのは、この画が隠逸の理想を表していたからであろう。つまり幕府をスポンサーにして京都市中（ないし周辺）に寺院を構え、社会に重きをなして忙しく活動する五山の僧たちは、この画を眺めて自らは果たせぬ隠者の生活を憧憬し、想像の中で隠者の気分に浸ったのであろう。言い換えれば、この画軸を掛けることで、自室を山居に、自分を隠者に見立てていたのであろう。

　五山の禅僧たちが隠者を愛したことはその詩によく現れている。五山詩にはよく「風流」の語が登場する。一つのパターンは少年愛の話題に関するものである。寺院には女性はいないので、稚児を対象とした少年愛が盛んだった。つまりは好色に関わるものである。もう一つのパターンは自然を愛する生き方、とりわけ隠者の美的生活に関わるものである。その代表が「子猷尋戴《しゆうたいじん》」と呼ばれる逸話である。中国の説話集『世説新語』に次のような話がある。

　王子猷は山陰に隠れ住んでいた。ある夜大雪が降り、子猷が眼醒めて家の外を見ると、見渡すかぎり白くなっていた。友人の戴安道が遠くないところにいるのを思い出し、小舟を仕立てて彼のもとへ向かった。ところが門前まで来たとき、なぜか引き返してしまった。人にそのわけを問われて王はこう答えた。「興に乗ったから行ったのだ。ところが興が醒めたので帰って来た。そうなったら戴に会う理由もないからね。」

隠者が友達を雪見に誘う話である。もっともこれだけではなぜ興がさめたのかわからない。そのせいか、この話が『蒙求』に収められたとき、「雪がやんで空が晴れると、月が冴えて四方が白くなった」と月光が加えられた。これを翻案した日本の『唐物語』では雪がなくなり、ただ「月の光清くすさまじき」夜となっている。つまり雪見の話が月見の話に変わってしまった。そして戴の家までくると夜が明け、月が傾いたので帰ったとする。たしかに夜が明けては月見にならない。『唐物語』の著者は王子猷について「心が数寄である」人と評している。なんにせよ、これは世俗を離れた隠者の自由さと自然の美を愛する生活とをよく表した逸話として、後世絵画や詩の題材としてよく使われた。とりわけ漢詩と水墨画である。この逸話が注目されるのは、隠者とは孤独に暮らしているものなのに、月や雪に感動するとこれを誰かと分かち合いたいと考え、いきなり友を尋ねてしまうということである。つまり隠者でさえも（あるいは隠者は風流であるからこそ）興に乗れば仲間が必要になるということである。これは隠逸趣味の文人にとって新しい遊宴の理由になるだろう。

もし隠者が同好の仲間と遊宴を持てばどうなるか。おそらく官能的快楽や興奮を経験する遊宴ではなく、脱俗の生活を深く味わうための遊宴となるだろう。従来日本の遊宴につきものであったゲーム性や豪華な賞品なども排除されるだろう。珠光の茶の湯の実態はよくわからないが、伝えられる彼の茶室や道具からみて、彼はあたかも隠者のごとく通俗的快楽にあたるものを排除していったようである。たとえば、『南坊録』の記述を信ずるなら、彼はそれまで絵画を貼り付けるのがふつうであった壁面に白紙を貼ったという(のちに紹鷗は紙さえも剝がして土壁にするのだが)。婆娑羅が官能的快感を与えるものを次々と加算していったとすれば、珠光はそれを削除していったのである。唐物が造形の完全性、触覚的官能性、色彩や反射の視覚的刺激などの魅力を最大限に加算したものだとすれば、備前の焼き物はそれらの特徴をことごとく削除したものだった。それは人工的な美への努力をすべて排除した末の、自然と偶然だけの産物のように見えたであろう。

珠光の養子であり後継者となった村田宗珠についての記録を見ると、そのことがはっきりとわかる。彼の屋敷は、門を入ると大きな松の木があり、そのそばに茶室があった。その茶室を見た公家は、日記に「山居の体」と書いている。まさに隠者の山中の住居をモデルにしていたのだ。しかもそれを彼は京都の町の中に作った。そのため「市中の隠」とも呼ばれている。山中ならぬ市中に住む隠者というわけである。彼は当時「数寄の上手」「数寄の張本」といわれるほどの名声があったから、彼をまねる茶人は多かったはずである。ポルトガルの宣教師が半世紀のちの日本語を編んだ『日葡辞書』では、「市中」の語の成句として「市中の山居」をあげ、都市の中の隠者暮らしという意味を当てている。このころには辞書に取り上げられるほど「市中の山居」はふつうのこととなっていたのだ。どうやら山中の隠者の草庵を京都や堺の市中に再現することが、宗珠以降流行したのである。

ここで大事なことは、貧乏故の貧しい茶の湯と侘数寄とは違うということである。侘数寄は金持ちの物好きの一種である。ヴェルサイユ宮殿の庭にマリー・アントワネットが造らせた「王妃の村里」のように、それは趣向としての貧乏ごっこであるといってもよい。市中の山居は本物の山中のあばら家ではない。都市の真ん中に巨費を投じて山居のセットを作ることである。市中の隠とは本当に世を捨てて隠者になることではない。公的には正業について稼ぎながら、遊びの時間だけ隠者の演技をすることなのである。映画のセットはみかけだけを似せて安上がりに作るが、草庵茶室はその逆で、みかけはあばら家でも、じつはひどく金がかかっている。凝りに凝ったものであるからだ(今でも数寄屋造りの茶室はもっとも高価な建築の一つだ)。この大名富商の隠者ごっこは、離俗という趣味で一貫している。趣味であるから、彼らは本当に俗を捨てるわけではない。日常生活は俗にとどまりながら、遊びの時間だけ隠者の離俗をまねるのである。そして離俗を美の基準として、使用する器物や建築は金を惜しまず洗練を重ねるのである。

市中の山居が隠者の草庵になぞらえた空間であるとすれば、そこでの茶の湯は隠者仲間の遊びになぞらえた遊宴となるだろう。むろん宗珠らは本当の隠者ではない。その茶室は隠者の住まいではない。しかし、茶の湯の場では、おそらく茶室は隠者の住居に見立てられ、釜の音は松風に見立てられ、参会者は隠者に見立てられたのである。そこでは脱俗の隠者の遊びが、見立てによって演じられたのである。とすれば草庵の茶の湯は二重の遊びとして考えることができる。すなわち、「隠者の遊び」を演ずる俗人の遊びとして。それは古代の少壮貴族の宴会が「風流秀才」と仙女の遊宴を演じていたのに似ているかもしれない。

このころ以降「数寄」という言葉はほとんど茶の湯と同義となった。「数寄者」といえば茶人のことになった。そして「隠者」をモデルとした数寄は、もはや前代の風流とは別のものになっていた。たとえば『山上宗二記』には珠光の教えとして「茶の湯者覚悟十体」という十ヶ条の茶人の心得が示されているが、その一つに「酒色を慎む」というのがある。また利休と同時代の茶書『分類草人木』には「大酒・博奕・淫乱等の遊びを断絶すべし」とある。これらは茶会においてというより、日常生活での規範であるが、ここには酒と女色とを避ける禅門の価値観が投影されている。酒と女性が「風流」の条件であった平安貴族の規範とは遠い。さらに博奕まで断絶となると、まったく婆娑羅の遊宴とは相容れない。逆に言えば、『分類草人木』の禁制は婆娑羅的な茶会の排除を念頭においていたとも考えられる。

ではかつての風流の条件のあと二つ、「詩」(文芸)と「琴」(音楽)についてはどうか。少なくとも詩歌の創作能力は必要とされなかった。嵯峨天皇の遊宴のように、茶を楽しみながら詩歌を作るといったことはなくなったからだ。ただ茶道具についての知識は必要だった。そして茶道具の命名の典拠がわかるためには、ある程度の古典の知識は必要だった。また墨跡の理解のために禅宗の知識もあったほうがよかった。『南坊録』には、掛け軸は必ずしも禅僧の墨跡でなく有名歌人の書いた和歌を掛けてもいいとあるから、和歌の教養もあったほうがよかった。ただし「恋歌」はいけないとされているから、和歌の主流は茶席から排除されたのである。

音楽も茶の湯から排除された。だから乱酔乱舞という遊宴の終わり方はなくなった。能楽師や白拍子も呼ばれなくなった。ただ主人と客だけの選ばれた者の集会となったのである。そこで何が目指されるのか。『山上宗二記』には「茶の湯者覚悟十体」に続いて武野紹鷗が加えたとされる「又十体」という記述があるのだが、そこに「客人ぶりの事、一座の建立にあり」〈客としてなすべきは、全員で一つの共同体を作り上げることだ〉という有名な言葉がある。そして具体的に次のように教える。

茶会の初めから終わりまで、一生に一度の会のように亭主を大切に扱え。また世間の雑談をしてはならない。してはならない話題は夢庵のこの狂歌で覚えておけばよい。

わが仏　隣の宝　婿舅　天下のいくさ　人の善悪

ただ茶の湯の事、数寄といえる事だけを話せ。

こうして「数寄」という隠者遊びは、古代の風流とは対極の遊宴になっていったのである。その究極が官能的快感を一切排した「侘数寄」であったのは言うまでもない。

室町時代、しだいに茶の湯は一貫した美意識によって演出するものになっていった。とりわけ将軍家の茶礼は同朋衆の手によって洗練されていった。それは婆娑羅的風流を俗悪なものと見る美意識である。洗練とはそのような「俗」を否定することである。しかしこの洗練は過去の王朝の「雅び」に向かうのではなく、同時代を覆った中国渡来の新しい文化の影響によって「脱俗」に向かった。それは脱俗の隠者を生活の理想とする思想から来ている。ここから市中にありながら、山中の草庵の再現を趣向とする侘び茶が生まれる。それは自らを脱俗の賢者とみなし、そのように振る舞う遊びであった。このような空間の床の間には、高僧の墨跡という超越的真理をほのめかすものが、たとえ意味はわからなくとも、最もふさわしいだろう。こうして中世の「数寄」は俗世間の価値基準（美意識も社会制度も含めて）を脱して、一時的に別の世界に立つ遊びになった。けれどもそれは同時に「色好み」や歌舞音曲を排除することとなり、「数寄」は男だけの遊びになっていったのである。

VII

雅の風流と俗の風流

1　煎茶の清風

中世末期、隠者風茶の湯が好色や賭博と共に酒まで排したと前章で述べた。隠者が好色や賭博を嫌うのはわかる。しかしなぜ酒まで排したのだろう。日本人の好きな陶淵明は「篇篇酒あり」と言われるくらい詩中に酒が出てくるし、竹林の七賢も集まっては酒を飲んでいたようだし、中国の隠者と酒とは切り離せない。

どうやら中世日本には酒と茶が相容れない、少なくとも対立するものだという思想があったようだ。一五七六年、禅僧であった蘭叔は漢文で『酒茶論』を著した。これは酒派の「忘憂君」と茶派の「滌煩子」とが酒と茶の優劣を争う論争の記録である。蘭叔はのちに妙心寺第五三世に就いたほどの高僧であるから、和漢の古典を次々と引用し、白熱した大舌戦に仕立てている。とはいえ最後に「漫筆」とあるように、もちろん冗談で書いたものだから、ここでその論理を追うことはしない。ただ登場人物に与えた名前に注目したい。「忘憂」とは「憂いを忘れる」という意味だから、酒に酔って憂鬱を忘れ、気持ちよい状態になることである。これは麻酔によって痛みを忘れることに似ているだろう。これに対し「滌煩」とは「煩わしさを洗い流す」という意味であり、頭の中の煩瑣なごみを洗い流して清澄な意識になるということである。それは夢から醒めてすっきりとするのに似ているだろう。つまり酒と茶とは、酔うことと醒めることという、正反対の効果をもつのである。ともに良い気分になるとしても、この二つはまったく逆である。

もちろん茶の覚醒作用は昔から知られていたが、それは眠気覚ましのことである。栄西が『喫茶養生記』で説いた茶の効用ももっぱら健康飲料としてだった。それがいつから精神の清澄化になったのだろうか。おそらく中国の隠者への関心が高まってからである。中国の茶人として最も有名なのは陸羽と盧仝《ろどう》であろう。この二人の名はしばしば並んで茶書に登場する。陸羽が有名なのは『茶経』を書いたからである。盧仝が有名なのは茶を主題とした詩による。その詩の本来の題は「走筆謝孟諌議寄新茶」（孟諌議が新茶を贈ってきたことへの感謝の文）だが、通称「七碗茶詩」という。この詩を見ると盧仝はみずからを隠者として語っている。まず昼寝をしていたら誰かが門を叩き、友人の孟諌議からの新茶が届いたこと、それが皇帝に献上した茶の余りもので、最高の品質であること、それがなぜかこの山中の家にまで来たことを書き、こう続ける。「柴の戸にかんぬきをかけた。これで世俗の客はこない」。つまり一人で心静かに飲もうというのだ。そして後世よく引かれる七碗のくだりとなる。

一碗飲めば喉が潤う。
二碗目には孤独の寂しさを忘れる。
三碗目には枯れていた自分の内部に、五千巻の文字が蘇る。
四碗では軽く汗を発して、平生の不満がことごとく毛穴から発散し、
五碗では肌から骨まですべてが清らかとなる。

六碗では神仙になったような気がする。
七碗目はもう飲めない。ただ両脇からすーすーと清風が生じているのがわかる。

これがあるべき茶のイメージだとすると、風流の遊宴とはほど遠い。俗世を離れた知識人が、隠者となって山中に住み、かつての友人から届けられた茶を淹れて、門を閉ざして一人清風に包まれるのを楽しむのである。日本の禅僧たちがこの詩のイメージをある種の生活の理想として受け入れたとき、『酒茶論』のように、茶が心身を浄化し、精神を清澄にするものとして語られるのも無理はない。

「七碗茶詩」はこのあと「蓬萊山（神仙の住まい）はどっちだ。この清風に乗って帰ろう」と続く。長くもない詩に何度も「清」や「清風」が出てくる。おそらくこの詩が茶と「清風」の観念を結びつけた。この漢文の『酒茶論』は江戸時代に出版されて人気を博した。さらに天保期にはこれをもとにした『酒茶問答』という日本語の本も出たのだが、そこで「滌煩子」は「清風子」に変えられている。たぶん「滌煩」という漢語が日本人にはわかりにくかったのと、「清風」という言葉がすでに茶と結びついていたからだろう（なお盧仝自身は別の詩『嘆昨日三首』で、酒を「愁眉を開く」ものとして、その「忘憂」の効能を讃えているのだが、こちらはあまり有名ではない）。

江戸時代に「清風」は煎茶の理念として流行する。それは抹茶に対するものとして登場した。江戸時代に抹茶の茶の湯はふたたび道具偏重の道楽となっていた。松岡正剛に言わせると、「当時の茶の湯は侘茶でも草庵の茶でもなかった。現在の日本の〝おばさん茶道〟のようなもの、つまりはシャネルやグッチを見せあう表面上のファッションにすぎなかった。それを破ったのが煎茶だったのである」（『千夜千冊』第四〇六夜）ということになる。

煎茶道の開祖は江戸初期に明朝の禅を日本に伝えた隠元とされている。彼自身は正統の臨済禅を伝えているつもりだったが、従来の日本の臨済宗とはだいぶ違っていたため新しい宗派とみなされ、黄檗山万福寺の名からとって黄檗宗と呼ばれた。逆に日本の禅宗各派からみれば、隠元は乱れた日本の禅を正すべく本家の中国からやって来た改革者だった。その影響は主として禅僧が守るべき規則である「清規」に現れた。隠元の「黄檗清規」は曹洞宗の改革にも参照されたという。この隠元が日本に持ち込んだ中国文化の一つに煎茶があったとする記述が多い。ただし小川流煎茶家元の小川後楽（楢林忠男）の調べでは確かな証拠は見つからないという。

じつは中国では明代に抹茶が廃れ、ほとんど煎茶になっていた。だから室町時代に日本に伝わっていてもおかしくない。痕跡がないのが不思議なほどだ。江戸時代は中国船の来航を長崎のみに制限したが、貿易は盛んで多くの中国人が日本に来た。当初中国人は長崎市内のどこに住むのも自由だったが、一八世紀末に幕府は居住地を制限して唐人屋敷を設けた。その規模は九四〇〇坪、二〇〇〇人が住めるほどだったというから、交流の盛んなことがわかる。中には沈南蘋《しんなんぴん》のように長期滞在して日本絵画に大きな影響を与えた者もいた。出島のオランダ人と違って彼らは屋敷からの出入りが比較的自由であり、日本人と交流する者も多かった。後述する売茶翁も長崎で中国人が茶を煮るのを見て学ぶところがあったというから、煎茶を飲んだ日本人も少なくなかったろう。

煎茶の開祖を隠元に託したのは、権威となって俗化しつつあった禅宗に対する宗教改革者の役割を隠元に見て、同様に権威となって俗化していた茶道の批判的改革者という役割をついでに彼に押しつけたものであろう。言い換えれば煎茶は黄檗宗と同じ役割を期待されていたのである。すなわち新しい思想と方法によって旧来の文化を改革すること。その思想と方法は、日本の伝統文化よりも優れているはずの中国最新の文化にもとづくものであること。茶道だけではない。江戸時代には中国から輸入された新しい文学や絵画や思想などが日本の知識人たちに流行し、それは日本文化に大きな影響を与えた。中でも中国の文化人をモデルとした有閑の文化人たちは「文人」と呼ばれた。彼らはたいがい裕福で、中国の文物を蒐集し、趣味で漢詩や「文人画」を書き、集まると煎茶を飲みながら会話を楽しんで、これを「清談」と称した。

実質的に煎茶流行の発火点となったのは、売茶翁の活動である。江戸中期に黄檗の僧月海（のち還俗して高遊外）が煎茶道具を担いで京都のあちこちに出没しては道行く人に茶を売った。桜や紅葉を見に行くといつもいい場所に同じ爺さんが茶を売っていて、代価は客の心任せ、ただ飲みも自由だという。これが話してみるとただ者ではないというので、「売茶翁」として有名になった。京都の文人、画家、学者などがひいきとなり、相国寺一一三世の住持大典顕常にいたっては、ついに『売茶翁伝』という彼の伝記まで書いてしまう。その中で大典は「誰もが売茶翁の風流はいまだかつてないものだと言う」と記している。

売茶翁は当時の禅僧が俗化していること、ことに布施目当ての活動が目立つことに不満だったようだ。六〇歳近くなってから寺を出て、生計も住所も安定しない生活に入る。そして煎茶を売るわけだが、こういう商いの常で客が来ない日もあり、しばしば食べる物にも事欠いたという。けれどもこれは、彼の生き方だった。彼は自分の肖像画の裏に自ら「盧仝正流兼ねて達磨宗四十五伝」、つまり茶は盧仝の正統な後継者であり、禅は達磨の四五代目の後継者と書いている。正統の茶人であり、禅者であることが彼のアイデンティティだった。茶を売るのは商売ではなく、その場かぎりの、気取って言えば一期一会の茶会だったのである。では彼にとって煎茶とは何だったか。「煎茶日日松風を起し、醒覚す人間仙路の通ずることを」という言葉からすると、煎茶は覚醒の手段であり、松風という清風に乗って人界から仙界へ行く通路だった。自分の茶亭も「通仙亭」と名付けている。どうやら彼にとって盧仝の仙人化と達磨の覚醒（悟り）は同じことに見えていた。それは俗なる世間から清澄な精神の世界へと言ってもよい。彼が口先だけの思想家でないことは、その清貧な生き方が証明していた。多くの人が彼を敬慕し、「茶の作法を完成したのは千利休だが、清風の雅趣は売茶翁が最高である。わが国の茶神と称すべきは売茶翁である」（柳下亭嵐翠『煎茶早指南』）とまで評された。この売茶翁が煎茶の中興の祖とされる。かくして煎茶は「清風」な生き方の象徴となり、煎茶は「清風の茶」として流行することになったのである。

「清風」とは何か。盧仝が「肌骨清」というときの「清」とはなにか。それを定義するのはむずかしい。ただ、その反対概念は言える。「俗」である。では「俗」とは何か。これまた多様に使われる言葉だが、「清風」の反対概念であるとき、その基本は「俗情」（私欲）と「俗世間」（社会）である。この二つが問題なのは、一つは内から、もう一つは外から人を動かす力があるからだ。この二つのために人は煩わしいことになる。俗情の代表は「名利」つまり名誉と金銭への欲、そして「色欲」である。これらはとても強力で、しばしば人の頭はこれに囚われてしまい、大事なことに眼が向かない。俗世間の代表は「世間のしがらみ」（「義理人情」などと呼ばれる人間関係）とか「世のならい」（「常識」などと呼ばれる風俗習慣）とか、つまり人の行動の自由を縛るものである。ほんとうに人生にとって大切なものを守りたければ自由になる必要があるし、自由になりたければ、俗情と俗世間を捨てなければならない。だからかつて隠者たちはこの二つを捨てたし、売茶翁も捨てた。そうすることによって頭の中からも、生活からも煩わしいことはさっぱりとなくなるし（滌煩）、清々しい人生を送ることができるだろう、というわけである。

もちろん実際に世間を捨てて隠者のような生活をした茶人は売茶翁のほかにほとんどいない。しかし「清風」の生活を模範として、これに近づこうとした学者や画家や詩人は多い。それは俗世の中で生きながら（ついでに酒も飲みながら）、少しでも俗情を去り、俗世間に絡め取られまいとした。そして同好の士と社交のネットワークを作り、その生き方を楽しもうとした。彼らは中国の似たような人種の名を転用して「文人」と呼ばれる。文人の代表的存在の一人とされる木村蒹葭堂《けんかどう》は、煎茶の結社を作り「清風社」と名付けた。清風の茶会は猥雑な酒宴とは対極のものである。そこでの社交は「清談」でなければならない。そこには、月に照らされた銀世界の感動を友人と共にするために船を出した、あの王子猷のイメージがあるだろう。

上田秋成が書いた茶書『清風瑣言』はベストセラーとなり、煎茶が「清風の茶」であるというイメージを世に広めた。しかし秋成のスタンスはむしろ彼の他の茶書にみられる抹茶批判にあらわれている。その要点は二つ。一つは例の道具崇拝である。もう一つは作法の形式化の弊害である。道具崇拝が悪いのは、一つには道具のよしあしばかりに眼がいって古い物を好んだりすること、もう一つは高価な道具を誇ったりする俗情の原因となることである。いずれにせよ茶の精神性からはほど遠い。これに対し煎茶の道具は清潔を尊ぶから、むしろ新しい物を好む。作法の形式化が悪いのは、作法ばかり気にするためにのびのびと振る舞えず、精神が縮こまってしまうからである。煎茶はむしろ自由を好む。そもそも俗界の煩わしさから解放されるのが茶の効用なのに、どうして作法などにこだわって自らを束縛する必要があるのか、というわけである。つまり、抹茶は俗、煎茶は俗を去った清風というのが秋成の主張であった。またこれは秋成だけでなく、煎茶を支持する多くの文人が採用する立場でもあった。

けれども俗は強い。煎茶も又それから逃れることはできない。売茶翁は亡くなる前に所有する全ての茶道具を焼き捨てた。そのとき書いた「仙窠《せんか》（茶道具）焼却の語」には「私の死後、世俗の手で辱められるのはお前だっていやだろう」とある。たぶん自分が亡くなれば売茶翁（高遊外）所持の品として高価に売買されるのが目に見えていたのだろう。しかし結局彼が使った道具と同じ形のものが「高翁好み」として作られ、売買された。それは売茶翁が嫌った抹茶の世界と同じやりかただった。やがて「煎茶道」が唱えられ、煎茶にも家元が生まれることになる。

2 清貧と清福

「俗」とは常に「雅」の反対概念だった。だから「雅」がどう定義されるかで実は「俗」の意味も違ってくる。「雅」が「宮び」、つまり宮廷風を意味するとき、底辺の生活者や田舎者が「俗」だった。「雅」が文雅、つまり古典教養や文芸の能力を意味するとき、貧しくとも隠者や僧侶は「雅人」であり、地位や財産があろうとも無教養な者が「俗人」だった。また心の「清」が「雅」であるなら、私利私欲にまみれることが「俗」となるだろう。煎茶ではこの最後のケースが問題になったわけだが、これを徹底すれば、文人であることは必要条件ではない。つまり無教養でも、身分賤しくとも、田舎者でも、「清」であれば「雅」の条件を満たすことになる。これを「風流」と呼ぶ例が、じつは平安時代にある。

もともと「清い」ことは昔から日本では重要な価値規範であった。何かあると昔の日本人は精進潔斎とか「お清め」をしたし、今も神社で参拝するときは手水で手を洗い、口をすすぐ。「清明」を日本の国民的思想として説く人もいる。それどころか、心が清ければ仙人にさえなれる。このような「清い」という意味での「風流」の用例が、平安初期に書かれた日本最古の説話集『日本霊異記』に見られる。大和の国の貧しい「風流女」が「仙草を食べて天を飛んだ」という話である。これに基づいて『今昔物語』におおよそ次のような話がある。題は「女人心風流《ミヤビタル》によりて感応を得て仙と成る語」という。

今は昔、大和の国に心が風流でまったく悪い事をしない女がいた。七人の子があったが家が貧しく、食べ物がなかった。けれどもこの女は日々沐浴して身を清め、家にいるときはいつも家をきれいにしていた。毎日野に出て菜を摘み、盛りつけを整え、笑顔で子供たちに食べさせた。この女の心の素直さに神仙が感応した。野に出て菜を採って食べているうちに、自然に仙草を食べて空を飛ぶことができるようになった。心が風流である者は仏法を修行しなくとも、仙薬を食べてこのように仙人になることができる。だから人は心を風流に保って、悪いことはしないようにするべきだと語り伝えている。

この逸話では「風流」は「心」が欲望や嫉妬で汚されていないことを意味している。また沐浴して身を清めること（潔身）、家をきれいにすること（浄家）、食べ物の盛りつけを整えること（調盛）、明るく笑顔でいること（含笑）をも含んでいるようだ。だが大事なことは、この風流が仙人になることに結びつけられていること、しかもそれが仏道修行と同等とみなされていることである。道教の神仙と仏教の悟りとはまったく別の話というのが現在の私たちの認識だが、ここではどうやら同じものである。たぶん平安初期の仏教は加持祈禱の神通力をもたらすものであり、それは仙人の空飛ぶ力と同類とみなされていたのだろう。だがこの仙人は、酒を好み、色を好み、音楽を奏でるあの遊宴の風流とはほど遠い。求められているのは、ただ心に歪みがないこと、そして日々の清浄で明るい生活である。

彼女は当時の基準では明らかに「俗」の世界の住人である。なにしろ田舎者で、貧しく、身分賤しく、教養もない。「風流娘子」ですらない。ただ心が清いだけである。だがそれだけで「風流」と呼ばれ、仙人になる。俗世界の中でふつうに生活しているものが、風流な精神によって一挙に高みに昇ることができるという思想がここにある。

ところがなぜか前にも記したように、中国では「風流」の語が隠者的清風とは対極の「好色」の意味をもつことが伝統的にある。それは日本でも変わらない。とりわけ江戸時代の本のタイトルに「風流」の文字があれば、たいがい内容は成人向けである。とすると江戸時代の「風流」は、一方に文人的清風、他方に好色という、まるで正反対の意味をもっていたことになる。しかし詳しくは次章で述べるけれども、『色道大鏡』や『好色一代男』などをみると、「色道」の追求の末「色欲」という執着を卒業することによって、かえって本当の風流を獲得できるという考えもあったようだ。そのような観点から「風流男」を隠者と結びつけた小説が西鶴と同時代にある。西鷺《さいろ》軒橋泉《けんきょうせん》の『近代艶《やさ》隠者』である。この小説はなぜか西鶴がたいへんな肩入れをしている。序文を寄せたうえ、版木用の文字と挿絵まで書いている。そのせいか、一時は西鶴の著作とみられていた。西鶴自身の作ではないが、彼が共感していたことは間違いないだろう。その中に「嵯峨風流《やさを》男」という話がある。嵯峨の遅桜は有名で花見の客も多い。ある金持ちが美女を連れて豪華な酒宴をしているところへ、変な男が現れる。着物の生地はみすぼらしいが高価な綾で裏打ちしてあり、帯はと見ると手拭いで代用している。金があるのかないのかわからない。岩陰に腰を下ろして香を焚き、唄を歌い、従僕に持たせた酒を飲んでは眠り、起きるとまた歌う。まわりが不審の目で見ているのだが、まったく気にしない。金持ちが彼を自分の宴席に招くと、「友だちになれそうもない」と断ってくる。重ねてその理由を尋ねると、あなたのやりかたは外見ばかり気にしていて自分の心の楽しみを考えてない、面倒くさいばかりで気持ちが落ち着かないと批判する。そしてこんなふうに続ける。

自分には使用人も財産も十分あるが、それに頼ろうとはしない。欲心をもたないから金も使わない。いわば「清福」とも言うべきもので、これは「清貧」に劣らない。「遊民」にはなりたくないが、といって世俗を離れることもしない。この里に引っ込んでのどかに暮し、退屈したら市中へ出て、時には舞妓に戯れ、若衆と遊ぶ。けれども彼らに愛を求めようとは思わないし、金にあかせて何とかしようともしない。ただ共に遊び、共に楽しむだけだ。世俗の人と付き合わないから、人からなんと言われようと気にならない。余計なことを考えず、ただそこにある道を行く。これが心を楽しむということだ。

この「清貧」ならぬ「清福」の哲学は、たしかに一種の隠者の思想である。世間と絶縁して山中に入る本格的な隠者ではなく、市中に住んでなお脱俗の精神と清貧の生活とを保つ「市隠」は昔からあるが、これはさらに自由である。財産は十分にあるのに、それに囚われないのである。ふだんは嵯峨野の郊外に暮らしているが、気が向けば都会の色街に出て、色を売る男女と遊ぶ。それもただその場を楽しむだけで、愛欲に囚われることはない。誰かに恋して執着することもなく、誰かから本気で愛されようとも思わない。これは、「俗世間」の価値観から自由になるふつうの隠者を一段超えて、「俗世間の価値観から自由でなければならない」という思想からさえ自由になろうというものである。だから隠者でありながら、好色を否定しない。ただそれに囚われない。つまり完全に自由な精神をもって、日々淡々と心を楽しませながら生きるのである。

ここで「清福」が「清貧」に劣らないという主張に注意しよう。清貧は通常の隠者のあり方であり、清福は新しい隠者の形である。これまで「貧」であることに価値を置いてきた思想に対し、重要なのは「貧」か「福」かではなく、ただ「清」なのだとしている。「清」でない隠者はありえないが、「清」でさえあれば「福」とか「貧」とかに囚われる方が精神的に不自由だと考えている。ここには「俗」を捨てることなく風流に生きる道が示されている。

一見隠者的な風流と色を好む風流とは正反対である。ふつう前者は「雅」であり、後者は「俗」だと言うだろう。だが「艶隠者」という概念はそれを両立させる。精神さえ自由であるならば、月や花を愛するのも、女性や若衆を愛するのも同じことなのだ。ただ、その好色は「色欲」という執着になってはいけない。まして他人よりも遊廓でもてたいといった「我欲」になってはいけない。

つまり「清」を維持する必要がある。これは遊廓における「すい」や「いき」の美学につながってゆくのだが、それについては次章で述べる。本章のテーマは風流が近世に雅から俗へと場所を移してゆくことである。

3 風流の世俗化

現代語の「風流」は隠者的風流観を受け継いでいる。だから「風流」というと、たいてい月とか雪とか桜とかの自然を思い浮かべるだろう。しかしグランドキャニオンとか南極の氷山などは「大自然」ではあるけれども、あまり「風流」という感じはしない。生活感がないからだ。風流な自然とは、あくまでもそこで生活できる自然でなければならない。中世の禅寺の詩画軸を見れば、隠者の庵室は人の住みづらい山奥ではなく、人里に近いところにあった。

「風流」とは自然そのものではなく、自然の中の生活について言われる。もちろん古来日本人の庶民生活は、農業であれ漁業であれ、自然の中に、そして自然とともにあった。けれどもそれをあまり「風流」とは呼ばない。生活に欠かせない自然ではなく、あってもなくてもいい自然を愛する生活が風流なのである。たとえば都市で勤務し生活する貴族にとって自然は必要ではない。その貴族がわざわざ山から桜の木を移植してこれを鑑賞するのが風流なのである。つまり自然を生産や生活の手段としているうちはまだ風流ではない。何の実用性もない「鑑賞」という文化的行為によって、はじめて風流となるのだ。

農民だって路傍の花を美しいと思うことはあるだろう。漁民だって海上の月を美しいと思うことはあるだろう。それは風流ではないのか。やはり「風流」の内には入れられない。ふと何かを見て美しいと思うのは庶民の日常生活の一部にすぎないからだ。自然を鑑賞するという行為を非日常的な文化的行為とみなし、「ふと」ではなく自覚的に、偶然ではなく意図的にその行為を行うのが「風流」なのである。たとえば古典の詩歌のなかの花や月を思い浮かべ、役にも立たない花見や月見をわざわざ行うことである。それは実用的な俗生活から切り離された貴族とか隠者など、エリートの高尚な（つまり「雅」の）文化実践である。それでは庶民が「俗」な日常生活の中で月や花を眺めることは「風流」たりえないのだろうか。いや俗のままで何が悪い、と居直ったとき、日本の「風流」の美学は新しいステージに入った。この変化は江戸時代に起こった。そのもっとも大きな運動は俳諧である。

「俳諧」とはもともと「滑稽」というほどの意味である。滑稽を狙った連歌を「俳諧連歌」といい、やがて略されて「俳諧」となった。連歌が古典的な「雅」の文芸になろうという動きに対して、わざと「俗」な文芸にとどまろうとしたのが俳諧であった。それは俗な題材、俗な言葉を使ったが、笑いをとるには下ネタさえいとわなかった。とはいえ、単なる下ネタだけで笑いをとっても評価は低い。ひとひねりした機知によって読者から思わず笑いを引き出さなければおもしろくない。そこでしばしば用いられたのが、「雅」の題材を「俗」に引きずり下ろす手法であった。

雅の文芸といえば和歌だが、漢詩はさらに格が高い。江戸時代は漢詩集が数多く出版され、文化人の基礎教養となった。中でも白居易の『長恨歌』は有名だった。その終わりに玄宗皇帝が楊貴妃に永遠の愛を誓う言葉はよく知られていた。

天に在らば願わくは比翼の鳥となり
地に在らば願わくは連理の枝とならん

「比翼の鳥」は雌雄二羽で一セットしか翼がないので、いつも一緒に飛んでいるという鳥。「連理の枝」は二本の木の枝がつながっているもの。つまりどちらも物理的に一心同体となっていて離れられない。玄宗は楊貴妃に「いつまでも離れないよ」と誓ったのである。これを踏まえて桃青という俳諧師がこんな句を作った。

地にあらば石臼などと誓ひてし

石臼は上下二つの石をすり合わせて粉をひく。一つだけでは役に立たないからいつも二つでセットになっている。比翼の鳥や連理の枝と同じで、一生離れないという誓いの譬喩になる。「地にあらば」という頭の五文字も同じだし、多少の教養があればただちに『長恨歌』を踏まえていると気がつくだろう。ところで石臼の中心には穴があってここに心棒を通して上の石を回転させる。性技の四十八手の一つに「茶臼」という体位があるように、これは性的な連想をさそう。つまり桃青の句は「雅」の『長恨歌』を「俗」に換骨奪胎したパロディなのである。永遠の愛の誓いという内容は同じなのだが、「石臼」の語が古典の品位をぶち壊している。

けれどもそれは下品だとか、ただの滑稽だとか言って、軽くあしらってよいことだろうか。もし永遠の愛を誓う言葉を江戸時代の人間が探したとして、「比翼の鳥」という誰も見たこともない奇妙な鳥を持ち出すのと、「石臼」という身近なものにたとえるのと、どちらが効果的だろうか。江戸人の心にはむしろ「石臼」のほうがよく実感できるだろう。とすれば、文芸において常に「雅」を求めて「俗」を排除するのは正しいのだろうか。同時代の人に「風雅」の価値を実感させるためには、むしろ「俗」に置き換える作業が必要ではないのか。桃青は、かつて「雅」の言葉で語られた古典の「風雅」の世界を「俗」の言葉で語り直すことこそ、「俳諧」に求められている仕事ではないかと考えた。やがて桃青は名を芭蕉と改め、十年後に次の句を詠んだ。

古池や蛙飛び込む水の音

明治期に正岡子規がこの句を「ありのまま」を詠んだものだ、だから古典を参照する必要はないとして以来、現代でもそう解釈するのがふつうになっている。しかし江戸時代は必ずしもそうではなかった。芭蕉没後百年ほどして石河積翠《いしこせきすい》は芭蕉句の注釈の集大成ともいえる『芭蕉句選年考』を編んだ。彼は古池の句の注で西行の「心なき身にもあはれは知られけり鴫《しぎ》立つ沢の秋の夕暮れ」を先行作としてあげている。これは何を意味するのだろうか。芭蕉が歌人の中では西行をもっとも尊敬していたこと、また西行自身がこの歌を自分の代表作とみなしていたという逸話（『井蛙抄』）が知られていたことを考え合わせるとき、芭蕉の「古池や〜」の句は西行の歌の換骨奪胎ではないかとの解釈が成り立つ。つまり西行の代表作が語ろうとした内容の本質をそのままに、表面を「俗」な言葉で語り直し、それを自分の代表作にしたということである。具体的には、西行の歌の「鴫」を「蛙」に、「沢」を「古池」に、飛び「立つ」を「飛び込む」に置き換えたものと見るのである。この操作によって山中の古雅閑寂な光景は江戸市民の生活に見馴れた光景となる。つまり「雅」の歌は「俗」の句となる。けれども、その光景が意味するものは変わらない。それはやはり「心なき身にもあはれを知ら」せるものである。古典が作り上げた雅の世界を、当代の日常という俗世界から題材や言葉を選んで作り直すこと。これが芭蕉のとった風流（芭蕉の言葉では「風雅」）俗化の戦略であった。

もちろん古典を書き直すだけが芭蕉の仕事ではない。彼の視線は目の前の自然のありようへと向かう。そして新しい風雅を発見し、これを言葉に定着させようとした。芭蕉は死の二年前、終生のパトロンであった杉山杉風へ手紙を出した。そこに「日ごろの工夫の成果です」と報告して次の句を記している。

鶯や餅《もち》に糞《ふん》する縁の先

芭蕉はいったい何を工夫していたのか。それは古典世界の風雅とは異なる自然との出会いを、江戸の庶民の日常生活の中に発見して、新しい風雅として世に知らせることである。日本の和歌には梅に鳴く鶯がしばしば取り上げられてきた。その結果「梅と鶯」は風雅なものとして、文学や絵画や工芸品などに登場する。しかし芭蕉は世間の実生活のなかの鶯を捉えようとした。しかもまだ誰も言葉にしたことのない鶯の姿を。

芭蕉は見馴れた世俗の日常を、新しい目で見直すことを試みたのである。古典を慕う歌人たちが梅に鳴く鶯という紋切り型の美的イメージに囚われているとき、芭蕉は意図的にそれを離れて、まだ誰も捉えたことのない日常の中の一瞬を切り取ろうとした。しかもそのスナップ写真は、同時代の誰もが「あるある」と納得できるイメージでなければならない。当時正月の餅はカビを取るため縁側で天日に干す習慣があった。それは庶民に親しいうららかな春の光景である。そこへ突如鶯が飛来し、あっと思う間もなく糞を落としていく。のどかな日だまりの餅は鶯の登場によって一瞬にして惨事となる。ここには俳諧特有の意表をついた滑稽があるけれども、もはやあの「雅」が「俗」に引きずり下ろされるパロディではない。「雅」のイメージをひきずる鶯と「俗」の極みともいえる糞とが、一つになってのどかな「俗」の日常を作り出しているのだ。

最終的に芭蕉は山中の隠者になる代わりに旅人という生き方を選んだ。『野ざらし紀行』というタイトルはのたれ死にを覚悟しているし、運べる荷物だけを全財産としたその姿は隠者よりも貧しい。けれども清貧を誇るのではなく、世俗の生活という現実から目をそむけない。たとえば『奥の細道』に「蚤虱馬の尿《ばり》する枕もと」という句がある。芭蕉は座敷に寝ていたはずだからこれは実体験ではないと言う人もいるが、そういうことは問題ではない。「旅人」とは中国的隠者のように仙人に通じる道ではなく、むしろ痒くて臭い生活を日常とするものであることを告げているのだ。また自分がその生活を受け入れていることを伝えているのだ。これが彼の風雅の生活なのである。この句は、彼の風雅が俗のただ中にあることを示している。それはこれまでの古典的雅の世界ではできなかったこと、いや考えもしなかったことだ。芭蕉は世俗の生活にとどまりながらも、日々移りゆく自然をまるごと受け入れるなら、そこには先人たちが「風雅」と呼んだものの本質が見えることを信じていた。それは空想的な「雅」の世界にあった風流を、現実の「俗」の世界に再発見することであった。別の言い方をすれば、風流は想像の中で追体験するものではなく、生活の中で実体験するものになったのである。

江戸時代は文化が大衆化した時代である。人々は世俗を捨てることなく風流を実践しようとした。そのためにさまざまな形で風流を俗化し、体験することが行われた。花見が大衆の年中行事となったのもその一つのあらわれだろう。同様に、「雅」の文化実践も貴族文化圏から町人世界に輸出された。茶道・華道などの家元が次々と生まれ、人々は入門して風雅の道を学んだ。和歌・俳諧を詠む人口は全国に増大し、師匠はそれで生活できるくらいになった。農業や漁業を離れた都市住民たちの風雅を求める文化実践は、手放した自然を再確認しようとするものとなった。都市の中で世俗の生活を送りながらも、自然のエッセンスを美の形で手元に捉えようとした。狭い庭に置かれた一鉢の盆栽、床の間に飾られた一輪の花。あるいは和歌や俳句で切り取られた自然の一瞬。それらがもし十分に美しいなら、それだけで私たちの心は洗われ、自然のエッセンスを体験しているような気がした。すなわち「風流」はそこに実現しているとみなされた。

4 雅人と俗物

かつて支配階級のものだった「風流」が、江戸時代にはついに一般の町人にまで下りてくる。それどころか「風流」を解しないものは野蛮人であるという共通了解さえできてしまい、町人たちは「風流」を気取りはじめた。それは花見・月見といった簡易なものから、季語の入った一句をものするといったものまで、たいがいは自然の美を愛するという形で現れた。雪景色を見ようと友人を誘うのは、もちろん風流な行為である。たとえば次の小説の会話をみてほしい。

先生いらっしゃいますか。いやこの銀世界にこたつとは、風流な先生には似合いませんね。愚慢和尚といっしょに隅田川を渡って見てきましたが、いや長命寺前からの待乳山今戸へん、あるいは関屋石浜の眺望、その絶景なること、とても言葉にはできません。先師が「雪見にころぶ所まで」と言った風雅の本当の意味がわかりましたよ。こんな日にこたつなんて残念な。まずだまされたと思って、ちょっと向こうへ渡ってごらんなさい。（中略）一人ではつまらないというならお供しましょう。何度でも行きたい。ほんとうに風雅の友にあの景色を見せないではおけません。

絶景の雪景色を共に見ようと日頃「風流」である「風雅の友」を誘う。たぶん読者はただちに王子猷が雪の夜に戴安道を尋ねた故事を思い出すだろう。このような「風流」が江戸時代には市井の町人にまで浸透していたのだ。ところで引用したのは滝亭鯉丈の『人間万事虚誕計《うそばっかり》第二編』という滑稽本の一節で、この本は口に出された嘘と内心の本音とを並べるという趣向で書かれている。引いたのは「利いた風流のうそ」という部分である。ではその裏側の「利いた風流のまこと」はどういうものか。

腰が痛くなってきた。ああ、よせばよかった。愚慢のやつにそそのかされて、とんだめにあった。どこで見たって雪が白いのに変わりはない。もうこりごりだ。風流というのは寒いもんだ。（中略）愚慢坊主め、自分だけ風流がって、人まで苦しめやがる。あんまりくやしいから誰か同じ目にあわせてやれと思って、このお人好しに勧めてみたが、いっしょに行こうと言い出すかと思ってひやひやした。さあさあ早くかえってこたつと湯豆腐に助けてもらおう。

ここでは「風流」というのが、すでに誘われると断りにくいくらいの大義名分になっている。じっさいにやってみると気持ちがいいどころか「風流というのは寒いもんだ」ということになるのだが、そんな本音を口にだすわけにはいかないのである。ふだん風雅と縁遠い庶民でさえ、風流を解さない人間と見られることをおそれる状況だったのだ。ではなぜやせ我慢をしてまで「風流」なふりをしなければならなかったのか。それは当時の人々にとって避けるべきレッテルがあったからだ。すなわち「俗物」である。

じつは右の鯉丈の本は式亭三馬の『人間万事虚誕計』の中の「雅人の嘘」を下敷きにしたものである。そちらの方の「うそ」は向島で雪の中を歩く二人連れの会話になっており、互いに「雅人」を気取り、俗物を軽蔑する言葉に満ちている。雅俗を分けるのは風流か不風流かである。一人が「おお寒い」と言うと、相手が「この絶景を見ながら寒いなどとは、ちと不風流（中略）寒いと言うようじゃあ、まだ俗物だ」と非難する。言われた方は「何、ただ言ってみただけだ。たとえ凍え死んでも俗物と言われちゃあ男がたたねえ。命は風雅によって軽しだ」と意気がってみせる。またどこかの屋形船が芸者をのせて賑やかなのを見て、一人が「あいつも潮来節をうれしがる徒だから度しがたい」と言えば、連れも「俗中の俗だ」と相槌を打つ。ところが家に帰って「まこと」の言葉が出ると、一人は「おそろしやおそろしや、雪見なんて二度と行くもんじゃねえ。あのくらい不風流なことはねえ。やっぱりうちにいて、こたつにあたって、熱燗で湯豆腐が大風流だ」と言う。もう一人も「あいつが雪見雪見とぬかすからいやいやながら付き合ったが、（中略）もうもう風流には懲りはてた。やっぱり俗物がいい」と呟くのである。

「雅人」気取りの二人は雪見に行き、連れが寒いと言おうものなら「俗物」のレッテルを投げかける。言われた方は「俗物といわれちゃあ男が立たねえ」と、まるで風流が男だてであるかのような言い方をする。寒さくらいやせ我慢しなくては男の意気地が足りないというわけだ。「命は風雅によって軽し」というのは、『後漢書』の「命は義によって軽し」をもじっている。恩義のために命を捨てた者の名を列挙した後に続くこの言葉は、義のためなら死んでもいいという価値観を表している。言うまでもなくこれは、江戸時代の「男だて」の価値観である。その「義」を「風雅」に入れ換えたわけだが、むろん冗談で言っているにせよ、ここでも語り手のふだんの生活規範が「風雅」とは遠いことを暗示している。そして屋形船に芸者を呼んで唄や踊りを楽しんでいる金持ちを見ると「俗中の俗だ」とののしる。ところが本音を語る段になると一転して、「もう風流には懲りはてた。やっぱり俗物がいい」とつぶやくのである。どうやら彼らは風流人ではない。それどころか「俗物」でありながら、ただ「俗物」と言われたくないために無理をしたのだ。ここに当時「風流」と「俗」とが対立する概念だったことがわかる。これはかつての「雅俗」の対立にあたるといってよいけれども、昔の「雅俗」は階級と連動しており、「雅」は上流階級のものであり、庶民は「俗」でしかありえなかった。ひとつには「雅」が古典教養を必須条件としたこともある。ところが江戸時代には「風流」のインフレがおこり、誰でも花見や雪見をすれば風流に、そして「雅人」になりえたのである。それどころか、雪見は寒いからいやだなどと言おうものなら、風流を解さない俗物として軽蔑された。ここから、三馬や鯉丈が描いたような、偽善者ならぬ偽風流人もあらわれたのである。

本居宣長は人間本来の「真情」(まごころ)に従うことを日本の伝統文化とみなし、人工的な思想(儒教・仏教・道教など)に基づく規範をだいたい中国思想の影響下にある「さかしら」な「つくりごと」とみなした。だから当然こういう「風流」に対して批判的である。たとえば「しづかなる山林をすみよしといふ事」と題する小文が『玉勝間』にある。

世の知識人や学者はみな住居は人里から離れた静かな山林がいいと言うけれども、私はなぜかそう思わない。人が多くて賑やかなほうが好きで、そんな世間から遠いところなど、淋しくて、心も萎えてしまう気がする。(中略)人の心はさまざまだから、人が少なくて静かなところが住みよいとほんとうに思っている人もいるだろうが、また例のつくりごとで、中国人のまねをしてそんなことを言ってみて、自分は世間の凡人とは違うというところを見せようというだけの人も中にはいるのではないだろうか。こんなふうに疑うのも、私の心が俗なせいだが。

これをみると、どうやら同時代の文人たちはみな隠者のような風流生活への憧れを表明していたようだ。宣長はこれに対し、「それは本音か?」と皮肉っているのだ。実際に住んだら「風流とは淋しいもんだ」などと言い出すのではないか、と。もちろんそれに対して彼らが「風流のわからん俗物め」と反撃してくるのはわかっている。そこで自分は「もう風流には懲りはてた。やっぱり俗物がいい」という本音の側に立つことを宣言するのである。つまり「風流」と「俗」という対立は、宣長からみれば中国的「つくりごと」と日本のすなおな「まごころ」の対立なのである。

『玉勝間』には他にも「うはべをつくる世のならひ」という一文がある。世間で尊敬されている立場の人は、月や花の美はほめるけれども美女を見ても何も感じない顔をする。これはうわべを作っているだけだ、と宣長はみる。「月や花は美しいが女性の魅力は目に入らないなどというのは人間の心ではない。大嘘だ」とまで言う。宣長とて月や花が美しくないというわけではない。その美を感じるのは人間の自然にそなわった感性だと思っている。だが女性の美に目が引き寄せられるのも、それと同じくらい自然なことだ。だから日本の和歌が月や花と同じくらい、あるいはそれ以上に恋を詠んできたのではないか、というわけである。つまり宣長にとって、江戸時代に流行していた「風流」の美学は、中国文化の模倣者たちによる「つくりごと」にすぎないと見えた。大衆にまでおよんだ「風流」趣味は、それに参加しないものを「俗物」と批判して、自分は反対の「雅人」を気取っている。けれども、じつはそんなふりをしているだけで、誰もが本音では美女が好きなように、「雅」よりも「俗」が好きなのではないか、というのだ。しかし見方を変えれば、この現象は大衆が雅人になったというより、「風流」趣味がついに俗人の生活の一部になったということである。

5 風流の条件

伝統的文化制度からすれば、「風流」が大衆化し「俗」の一部になったなどと言うのは、黒が白の一部になるくらい奇妙なことである。日本の「風流」は初め日本語の「みやび」にあたるものだったから、上流階級の占有物であった。そして中国の「風流」概念が入ってくると、知識人のものとされ、古典の教養は必須だった。もちろん「好色」の意味を帯びていたから、その面では遊女や白拍子なども風流な逸話に登場したけれども、その相手はたいがい支配階級であった。そして中世、隠者が風流の代表者であるという思想が中国から入ってくると、脱俗の世界で知的あるいは文化的エリートであることが条件となった。その一つの現れが隠者文学であり、また茶人などの「数寄者」である。そして隠者の風流が好色的要素を排したとき、清風の要素が中心となる。盧仝や売茶翁のような清貧の隠者による雪月花を愛する美的生活が風流の理想となる。これが「風流」は庶民や貧者でもできる趣味だという考えにつながる。高価な道具は庶民には手が出ないが、清貧なら手のものだ。漢詩を作るのは教養がいるが月や花を見るだけなら学問はいらない。ここに「風流」が大衆化するための条件が生まれる。

歴史を振り返れば「風流」はその時の文化の担い手のものになっていった。古代は貴族の、中世は武士の、そして近世は町人のものに。「風流」がやがて一般化し、大衆化することは歴史の流れとして避けられないし、それはむしろ肯定的に受け止めるべきなのだろう。問題は、そのとき「風流」はどのような変貌をこうむるかである。

このとき宣長の態度は参考になるだろう。彼はみずから俗物の位置にとどまる。しかし彼は月や花に「もののあはれ」を見出すことをやめない。美しいものをめでるのは人間の自然の反応だと思っているからだ。この「もののあはれを知る」という美的態度は人間に生来備わった傾向であるけれども、それを意識的に追求する生き方は既に一種の風流ではないだろうか。

「もののあはれ」とは何か。宣長はその説明に桜を用いた。桜を見て「いい薪だ」と見るのは実用的な見方である。いっぽう「美しい」と感じるのが「もののあはれを知る」ことである。宣長は「実用」をもちろん大切なものだとする。いっぽう「もののあはれ」は役にたたない。しかし桜は、その役にもたたない「美」をめでるために植えたものなのだ。だから「ああ美しい」と感じることにこそ、桜の存在理由はある。人が桜を植えるのは「実用」のためではなく、「花見」という風流のためだというわけである。けれど桜を美しいと見るのに、人は身分も財力も教養もいらない。宣長に言わせればそれは人間の本来の心の働きである。とすれば、風流とは人間が本来もつ美への感受性さえあればできるものであり、高貴な人々から底辺の庶民まで、誰でも楽しむことができるものである。

宣長によれば「もののあはれを知る」ことには二種類ある。一つは美を感じる力であり、もう一つは他人の心に共感する力である。この感受力の強い人を「あはれを知る人」といい、鈍感な人を「あはれを知らぬ人」という。けれどもその違いは生まれながらに決まるものではない。自らの努力と人生経験によってどのくらい感性を磨いたかによる。これはそのまま風流にもあてはまるだろう。

さて、風流であるための条件が身分でも教養でもなく、磨かれた感性であるとすれば、市井の町人でも風流になることはできる。いや風流だけではない。美意識がものをいう文化的現場において、感性を磨いた町人は貴族や武士と対等以上に戦うことができるだろう。江戸時代に美意識が重視され、それゆえ美的感性がもっとも繊細に発達した場所は遊廓であったが、そこでは町人が雅俗とは別の美的基準を導入して、ついに武士を圧倒したのである。その基準が「いき」と「野暮」であった。

Ⅷ 「いき」と「すい」

1　江戸の「意気」と上方の「粋」

江戸時代の文化的源泉として、一方に中国があって新しい「雅」の形式を伝えていたとすれば、他方には歌舞伎と遊廓があって新しい「俗」の文化を生み出していた。けれどもそれは江戸と上方（京・大坂）ではいささか様子が違っていた。

幕末に書かれた風俗の百科全書『守貞謾稿』に次のような文章がある。

京と大坂では男女ともに艶麗優美を最優先し、これに粋《すい》が兼ね備わっていることを求める。江戸は意気を第一にして、次に美を求める。だから上方と江戸では見かけの様子がおのずから違ってくる。

現代では「粋」の字を「すい」とも「いき」とも読む。このため「すい」と「いき」を同じものと見る人もいる。しかし江戸時代に「粋」の字はたいてい「すい」と読み、「いき」は「意気」と表記されるのがふつうだった。『守貞謾稿』でも「粋」と「意気」とは区別されている。しかもどちらも「美」とは区別されている。じっさい用例を見れば、初めは「粋」も「意気」も容姿の評価ではなく、行動とか人格とか気質に関わる言葉であった。そして守貞によれば、江戸では「いき」が評価の第一条件であり、次に容姿の「美しさ」が来る。いっぽう上方では「美しさ」が第一であり、その上に「すい」であることが望まれるという。地域によって文化の違いがあることがわかる。これに加えて私たちは時代による変化も考慮しなくてはならない。江戸後期に「いき」を「粋」とも書くようになるのは「いき」の意味が変わってきたからである。

江戸時代を三期に分ければ、だいたい一七世紀が前期、一八世紀が中期、一九世紀が後期となる。前期は京坂（上方）が文化の中心であり、江戸はこれを模倣しながら独自の文化を育てていく時代である。中期は江戸が独自の文化を作りあげ、それが京坂とは異なることに江戸市民が自覚と誇りをもつようになった時代で、「江戸っ子」という呼称もこの時期に始まる。後期は江戸文化が成熟していった時代で、現代の私たちが知っている「いき」の美学はこの時期に完成する。

流行の発信源として町人階級に最も影響力があったのは歌舞伎であろう。だがもてる男のイメージが江戸と京坂の歌舞伎ではまったく違う。江戸歌舞伎の色男の代表は助六であろう。喧嘩っ早く、口が悪く、とにかく強気で誰に対しても一歩もひかない。男を立てる気風から「男だて」といわれるキャラクターである。これに対し上方歌舞伎の色男の代表として今日なお上演されているのは『廓《くるわ》文章』（一八〇八初演）の伊左衛門であろう。柔和で軟弱、いわゆる「男っぽさ」がまるでない。肩を突いただけで転びそうなので、こういうキャラクターを「つっころばし」と呼ぶ。たいがい大きな商家の若旦那か、故あって身分を隠している若殿様で、苦労なく育ったせいか人はいいのだが、わがままで頼りない。甲斐性もなければ根性もない。だがこれが京坂ではもてる二枚目なのである。『守貞謾稿』に次のような文章がある。

京坂の若者は歌舞伎役者のスタイルをまねる者が多いが、江戸は鳶の者をまねる者が多い。これは人情の自然な成り行きで、京坂の人は「にやけ」といって弱気であり、江戸は「いさみはだ」といって勇ましく過激なのを好むからだ。

京坂の人は「にやけ」(美麗や色気)を求めて弱々しく、江戸は「勇み肌」だという。そこで京坂の若者は歌舞伎役者を手本にするが、江戸っ子は威勢のいい鳶職のスタイルを手本にするというのだ。助六の「男だて」を受け継いでいるのは、現実の世界では鳶の者だった。彼らはたいがい町火消しでもあり、火事場に命懸けで突っ込み、屋根の上で勇ましく纏《まとい》をふる姿はかっこよかった。若い婦女子のアイドルになっても不思議ではない。もちろん火消しに喧嘩はつきものだった。

「おとこだて」(男達・男伊達)は上方では男の理想ではなかった。むしろ「やさおとこ」(優男・艶男・風流男)が好まれた。井原西鶴の小説に「男達《おとこだて》」と「風流男《やさおとこ》」と両方出てくる小説がある(「泪のたねは紙見せ」『男色大鑑』第五)。そこでは「情けしらずの男達《おとこだて》」などとあるように、「男だて」はあまりいい意味ではない。挿絵を見るとみるからに乱暴な遊侠の徒である。彼らは文中でも「あばれ男」とか「馬鹿者」とか呼ばれている。物語の主人公は藤村初太夫といい、誰もが一目で心を奪われる「すぐれてうつくし」い十代の歌舞伎役者である。彼に花見の場で「男だて」が無理難題を言いかけ、ひと悶着を起こす。このときその場をまるく収めるのが「物やわらかにうつくしげなる男」なのだが、こっちは「風流男《やさおとこ》」とされている。おそらく西鶴は江戸の町奴が男だてを気取っていたのは知っていたが、その美学に共感はしていないのだ。といって、この「やさ男」は「つっころばし」のような頼りない色男でもない。それどころか粗暴な男たちを硬軟交えた対応でうまくあしらって解決する大人の智慧と力とを備えている。このあと初太夫と「やさ男」は衆道の契りを結ぶから、互いに魅力を感じたわけである。当時の衆道は現代の同性愛とはいささか違い、「若衆」という少年と「念者」という大人の男との関係をいう。若衆が成人すると衆道の関係は終わる。若衆と念者とに期待されていた魅力は同じではない。若衆には少年の魅力が求められたが、念者に求められたのは大人の男の魅力である。それはさまざまな経験を経て子供っぽさを卒業し、他人から信頼を得る力と趣味のいい身なりを備えた「物やわらかにうつくしげなる男」なのである。これが上方における男の魅力をそなえた「やさ男」であった。若くて美しいけれども頼りない「つっころばし」とは異なり、大人の魅力をもつ「やさ男」の特徴が「すい」である。

上方の「すい」に対し、江戸でもてる男の条件が「意気」であった。江戸中期に遊廓の風俗を描いた洒落本は、遊びのガイドブックとして読まれたが、同時にそれは「いき」と「野暮」とを教える教科書でもあった。その一つ『辰巳の園』に「通言」という章があり、深川の遊里で使われる言葉を紹介している。「いきな男」という語は「男にかぎらず好いたということ」だとある。男であれ女であれ、「あなたはいきだね」と言われたら、それは「あなたが好きだ」という意味だよと教えているのだ。

「いき」と「すい」の反対語はどちらも「野暮」になるのだが、「野暮」の反対語としてはもう一つ「通」がある。「通」と「いき」と「すい」の用例の多様さと時代的変化についてはすでに多くの先学の研究があるので、ここではおおざっぱに次のように言っておこう。「通」はもっぱら遊廓における客の人物評価に用いられ、「すい」と「いき」とは客と遊女の両方に用いられ、やがて遊廓の外の人々にまで適用範囲が広がった。そして「すい」は「粋」と書かれて主に京・大坂で使われ、「いき」は「意気」と表記されて主に江戸で使われた。さらに江戸後期になると「いき」は人物だけでなく、衣裳・小物など物品の美的評価にも使われるようになった。

要するに「いき」も「すい」も遊廓での「通」という概念がもとになっている。「通」あるいは「通人」の条件として上方では「すい」が、江戸では「いき」が語られたのである。それらはもともと「優美」と並んで遊廓で求められる価値を表す言葉だったのだ。

2 丹前と男伊達

「いき」の美意識は、江戸の遊廓に育てられたと言ってもよい。それは初め「意気」と表記され、ほとんど「張り」と同じ意味だった。だからよく合わせて「意気張り」とも言われた。

遊廓における「意気」と「張り」とをさかのぼると、吉原ではなく丹前風呂という非公認遊廓に行き着く。いま「丹前」という言葉はふつう綿入れの着物を指す。別名は「どてら」。なんだかもっさりとした印象だ。けれども、かつて「丹前」という言葉は一つの美学を指していた。それはファッションの面では人目をひく派手さを、生き方の面では社会秩序よりも個人的意気地を重んずるものだった。

平安時代から発した「風流」の意味の一つに、「人目を驚かす華美」がある。そして中世に、既存の権威を否定する武士たちの過剰な美的自己顕示が「婆娑羅」と呼ばれたことは前に述べた。それは圧倒的な金銭の力によって古い規範を打ち砕く行為でもあった。古典教養と伝統の継承によって「雅」の文化を独占していた公家たちに対する文化的下克上であり、それゆえに新興階層の支持を得たのである。そしてこの美意識はその後もながく日本文化の中に受け継がれていった。「人目を驚かす華美」のためには、必ずしも圧倒的な財力は必要がない。見たこともない新しさ、奇矯さがあればよい。こうして江戸初期に「かぶき（傾き）」という言葉が生まれる。語源は「傾く（かたむく）」の古語「傾く（かぶく）」の名詞形だと言われ、まっとうではないことを意味する。奇矯ないでたちで、非常識なことをする連中を「かぶき者」などと言い、「傾奇」「歌舞伎」などの字が当てられるようになる。中でも有名なのはお国という女性の始めた「かぶき踊り」で、彼女は南蛮風アイテムを取り入れて男装し、女装した男優と「茶屋遊び」のやりとりを演じたという（ここでいう「茶屋」は今日なら風俗営業の店にあたる）。彼女は現在「出雲の阿国」と呼ばれ、歌舞伎の創始者とされている。

かぶき者たちは、まっとうな人の眉をひそめさせながらも、時代の流行を求める人々のファッションリーダー的役割を期待されてゆく。そして一七世紀前半の江戸に「丹前」という言葉が生まれた。神田にある堀丹後守の下屋敷前に風呂屋がいくつもあり、丹後守の前の風呂を略して「丹前風呂」と呼ばれた。やがてそこへ通う客たちのことも「丹前」と呼ぶようになる。「風呂へ通うかぶき者たちのことを別名丹前という」（『むかしむかし物語』）とあるから、当初はかぶき者の中で、丹前風呂へ通う者だけを言ったのだろう。しかし「今はなんであれ派手なものを丹前という」（『八十翁疇昔話』）という記述もあるから、しだいに意味が広がり、かぶき者たちだけでなく、そのスタイルの特徴を指すようになったのだろう。

江戸初期の風呂はいまの銭湯とは違い、客の目当ては入浴そのものよりも湯女《ゆな》のサービスという所が多かった。いわば非公認の遊廓である。丹前風呂には勝山という湯女のスターがいた。井原西鶴が『好色一代男』に勝山のことを「よろづにつけて、世の人とは変わって」と書いたように、彼女のファッションは独特だった。頭上に大きな輪を作る髷《まげ》（勝山髷）を結い、派手な縞柄《しまがら》（丹前縞）の綿入れを着た。町を歩くときは編笠をかぶり木刀の大小二本を腰に差したという。まさに奇矯ないでたちである。けれども彼女は流行を作る。丹前の湯女たちだけでなく、江戸の若い女性たちが彼女のスタイルに追随した。勝山髷は「だて結び勝山風」として後世に残った。興味深いのは、勝山のファッションが歌舞伎や男性にまで影響したことである。彼女は自分の考案した派手な縞柄綿入れの着物をひいきの客に配った。客には旗本奴や町奴、つまり世間から望んではみ出したかぶき者が多かったから、この派手な綿入れを好み、それは丹前風の着物として広まっていった。今日綿入れの着物を「丹前」と呼ぶのはここから来ている。彼らの人目を引くスタイルは「丹前風」とか「丹前姿」と呼ばれ、彼らを主人公にした「丹前物」と呼ばれる歌舞伎作品も多数作られた。その舞台では、役者たちが「丹前振り」とか「丹前六方」という独特の身振りで踊った。これらのことは「丹前」が江戸の市民たちにとって魅力的なスタイルだったことを示している。

丹前の特徴は、中世の婆娑羅を復活させたようなファッションだけではない。その美意識は生き方のスタイルにも及んでいた。当時の言葉でいえば「男だて」(男伊達・男達)である。これは「男を立てる」から来ており、見栄(面目)を重んじ、なにより誰かに屈することを「男を下げる」として恥とする。この「突っ張り」的価値観は世界的にみられるマチスモ(強い男礼賛)の一種だが、これに社会のルールよりも仲間への信義を重んじ、得よりも損を選ぶ侠気を加えたものがだいたい「男だて」にあたる。やくざの「任侠」とほぼ同じである。その代表が侠客の元祖ともいわれる幡随院長兵衛である。

丹前風呂に通ったかぶき者の中に旗本奴とか町奴といわれる集団があった。彼らはルールに従わず、すぐに暴力に訴える乱暴者で、社会に迷惑をかけていたようだ。旗本奴は旗本やその家臣が多く(中には大名もいたが)、町奴は町人身分の遊侠の徒が中心で、この二つは対立していた。代表的なグループが六つあり、「六方組」というところから、彼らは「六方《ろっぽう》」と呼ばれ、「六方詞《ろっぽうことば》」とか「奴詞《やっこことば》」と呼ばれる粗野な言葉をこのんで使った(「六方」は「無法《むほう》」からきたのかもしれない)。六方組の一つ大小神祇組を率いる水野十郎左衛門は、町奴の頭目である幡随院長兵衛を殺害した。水野はその理由を長兵衛の無礼な振る舞いにあるとして老中へ届け出たが、この時は罪を問われなかった。旗本が無礼な町人を殺しても「切り捨て御免」だったのである。しかし幕府は旗本奴や町奴への取締を強化していった。水野も行跡が問題視され、評定所へ呼び出された。記録によるとこの時水野は「被髪白衣」で出頭したことが「不敬」とされ、切腹を申し渡されたという。二歳の息子も連座して死罪とされ、水野家は断絶した。たかが髪型と衣服が場違いであっただけにしては、ずいぶん過酷な措置である。いったい「被髪白衣」とはどんなものなのか。

「被髪」とは頭や顔に髪が被《かぶ》さる様子をいい、たとえば結った髷がほどけてざんばら髪になったような場合に使われる。女性が洗髪後にほどいた髪を乾かしている「洗い髪」の状態も被髪である。だから水野は髪を結っていなかったとする解釈もある。「白衣《びゃくえ》」は袴を着けない着流し姿をいう。だが髪を結わず袴を着けないだけで切腹、嫡子も死罪というほどの「不敬」になるのだろうか。おそらく水野は「丹前」(どてら)を着ていったのである。今でもどてらの上から袴を着ける人はいないだろうが、当時も丹前は着流しで着るものだった。そして髪は、結わなかったのではなく、「丹前立髪」という髪型だったのだろう。「五分月代《さかやき》」といって月代に一〜二センチ髪を伸ばす。月代の部分だけ髪が五分刈り状態で立っているわけである。武士ならふつう剃るべき月代に髪があるのでこれを「被髪」と形容したのだろう。『守貞謾稿』には「五分月代で額際の髪を抜いた髪形は俠客風で、俗に丹前風とも言った」とある。つまりこの日水野は武士の正装ではなく、上から下まで「丹前風」のいでたちで出頭したのだ。それは「自分はまったく反省していない」という意思表示だった。もし彼が、幕府の定める秩序を逸脱していた過去の不行跡を反省し、今後秩序の中で生きることを誓えば処罰が軽くなる可能性はあった。しかし彼は逆に、幕府を愚弄し、挑発する行為に出たのである。評定所は怒ったであろう。息子まで死罪というのはよほどのことである。水野もそこまでは想定していなかったかもしれない。しかし切腹を命じられることは予期していただろう。彼の辞世は死を恐れぬ豪快さを目いっぱい表している。

落すなら地獄の釜を突ん抜いて阿呆羅刹に損をさすべい

〈自分を地獄に落すなら、亡者を煮る釜の底をつき抜いて、獄卒に損をさせてやろう〉

なお「べい」とは「べし」のことで、「六方詞」の一つ。辞世まで丹前風だったわけである。おそらく評定所に出頭する日、水野は周囲が止めるのも聞かず、一世一代の派手な丹前スタイルで身を飾ったのではないだろうか。それが彼の丹前者としての意気地だった。そしてこの意気地こそ、人目を驚かすファッションと並ぶ「男だて」の条件であった。

意気地は男だけのものではない。また遊女の魅力の条件でもあった。勝山のスタイルが男性的であるのを思い起こそう。木刀の大小を腰に差すなど、あえて女らしさを拒否しているとしか思えない。男に媚びるところがまったくない。遊女の意気地がどんなものかは、一八世紀初めの歌舞伎『助六』の揚巻の啖呵にみることができる。吉原の太夫揚巻は金のない助六を間夫《まぶ》(愛人)にしているが、客の意休《いきゅう》が助六の悪口を言うのを聞きとがめ、遊女の身で金持ちの上客に悪態を放つ。長いので一部だけ原文のまま引く。

慮外ながら揚巻でござんす。男を立てる助六が深間、鬼の女房にゃ鬼神がなると、さあ、これからは悪態の初音。(中略) 間夫がなければ女郎は闇、暗がりでみても、お前と助六さん、取り違えてなるものかいなあ。たとえ茶屋、船宿の意見でも、親方さんの詫び言でも、小刀針でも止めぬ揚巻が間夫狂い。さぁ切らしゃんせ、たとえ殺されても助六さんのことは思いきれぬ。

揚巻は意休と助六とを比較して「たとえて言わば雪と炭」などとたっぷり悪態をついたあと、抱え主が頼もうと、小刀針で折檻されようと、たとえ殺されても助六を思い切れないと言う(「別れない」と言えないのは遊女には自由がないからだ)。この台詞は(そしてほとんどこの台詞だけが)揚巻の魅力を説明するものとなっている。これもまた命懸けの意気地である。

歌舞伎などに描かれた男の意気地が自分の「面目」(世間への顔)を守るのに対し、女の意気地がたいがい「心中立て」(恋人への忠誠の証明)であるのは、当時の社会規範の影響もあるだろう。「面目」は名誉という社会的評価を求めるものだが、「心中立て」には社会も名誉も視野にない。ただ一人の相手しか見ていない。江戸時代の規範が女性に期待していたのは名誉よりも忠誠であったからだろう。もっとも実際には吉原の遊女たちは(のちには深川の芸者も)個人的な「意気張り」

を特徴としたのだが、それについては後述する。
いずれにしても、それらは権威や権力に屈伏せず、まして金銭に拘泥せず、自分の魂の尊厳を守ろうとするものである。助六と揚巻の人物像には、かつての町奴と勝山のイメージが影響しているかもしれない。
揚巻のような意気地の強さは上方の遊廓にも入って「奴風」とか「奴だて」と呼ばれた。旗本奴や町奴の「奴」である。江戸前期の遊廓に関する百科事典、藤本箕山の『色道大鏡』にも次のように紹介されている。

近頃は遊女の中に奴風というのがある。野郎（成人男性）や若衆にも奴風はあるが、これはもともと男だから許してもいい。しかし遊女の奴だては理解に苦しむ。つくづく考えてみれば時代が変わって人の心が素直でなくなり、客にも粗野な者が増えたからだろう。繊細なことは好まれず威勢のいいのが喜ばれる世であるから、こういうスタイルもあってよい。ただし、太夫の地位にあるものは採用してはいけない、天神以下のやり方である。

太夫は遊女の最高位で、天神はその下になる。つまり「奴風」はイレギュラーなものだから格調を重んずる太夫には合わないとみている。もっとも箕山は「奴風がうまくはまった傾城は、ふつうの女郎よりはるかに男に好かれる」と、その効果のほども認めている。例として「江戸の勝山、京には三笠・蔵人、大坂にては八千代・御階《みはし》・大隅等」の名をあげているから、上方にもけっこういたようだ。

三笠は井原西鶴の『好色一代男』に登場している。金のない世之介と相愛になり、逢うなと折檻されてもやめず、雪の中を裸にされ庭の柳にくくりつけられたが屈せず、ついに舌を噛んで自殺した。「これほどの心底は聞いたことがない。これで大坂屋の奴三笠の名が残った」と西鶴は語る。『好色一代男』はさまざまなタイプの遊女を紹介するものであるから、「奴風」遊女の一典型として死を恐れぬ「心中立て」の事例を創作し、実在する三笠の名を借りたのだろう。

ところで幕府は全ての丹前風呂を廃業させた。湯女たちは無許可売春に対する刑罰として吉原へ送られ、遊女とされた。勝山も（自ら志願してという説もあるが）その中にいた。六方組も次々と頭目が死罪となって壊滅し、旗本奴や町奴は一掃された。しかし勝山は吉原で太夫に出世して全盛を極め、「俠客」を名乗る者は幡随院長兵衛を元祖と仰いでその後絶えることなく現れ、『助六』は歌舞伎の代表的演目として今日も演じられている。

吉原の歴史や風俗を書いた『異本洞房語園』は、勝山が初めて吉原で花魁道中をしたときのようすをこう書いている。

吉原の全ての町から太夫をはじめ遊女たちが、勝山を見ようと仲之町（吉原のメインストリート）の両側に群がっていた。初めての道中であったが、遊女が揚げ屋へ行くときの八文字を踏んで歩く姿は堂々たるもので、誰よりも立派に見えた。その全盛ぶりは当時吉原第一とのことだった。

なお、吉原の花魁道中の歩き方は、それまで島原風のしとやかな内八文字であったものを、勝山が豪快な外八文字に変えたと言われている。もし本当なら、勝山は丹前の美意識を吉原に持ち込んだことになる。あえて誇張して言うなら、それまで京都島原の遊廓を真似ていた吉原の文化は、勝山によって江戸前の丹前文化に染め替えられたのである。勝山の半世紀後に助六が誕生するのだが、上方歌舞伎では見られない太夫揚巻の鉄火なイメージは、新しい吉原文化を江戸の市民たちが支持した結果かもしれない。

このような意気地はまた「張り」とも呼ばれた。「張り」とは押されても引っ込まないこと、むしろ逆に抵抗して「張り合う」ことである。現代風に言えば「突っ張り」である。西鶴の『好色一代男』(一六八二)にある「京の女郎に、江戸の張をもたせ、大坂の揚屋で会えるなら、これ以上のことはない」(巻六)という言葉は有名である。似たような言葉は二年前の遊女評判記『難波鉦《どら》』(一六八〇)にあるから、既に一般の評価だったのだろう。そしておよそ百年後の太田南畝『和漢同詠道行』にも、一五〇年後の『守貞謾稿』にもよく知られた言葉として出てくるから、その傾向はずっと続いていたのだろう。つまり京は遊女の美しさを、大坂は遊廓の豪華さを、江戸は遊女の丹前風「張り」をその特徴としたのである。

江戸では、丹前の張りと意気地の美学はその後も継承された。その後継者は、男性では魚河岸や鳶職の若い者であり、女性では深川の芸者（辰巳芸者）であろう。彼女たちは男物の羽織を着て、米八・仇吉など男っぽい名を名乗り、「意気と張り」を売りにした。そして両者ともにその生き方のスタイルは「いき」と呼ばれた。

幕末の『守貞謾稿』には「意気張《いきばり》ということ」という項目があり、「江戸の遊女はあえて金銭にこだわらず、見識をもっぱらとするのを良しとする」とある。具体的にはいやな客を拒否するのである。守貞によれば「三都（京・江戸・大坂）ともに遊女は気にいらない客を断ったり、同じ布団に寝ても病気を口実にして身体を許さないことがあった。これを『ふる』とか『ふりつける』という。京大坂では稀だが、昔の吉原の遊女は張りが強く、気にいらない客をしばしばふった。近年は張りが弱くてめったにふらない。しかし深川の遊女は最近まで張りが強くて、少しでも気に入らないことがあるとふったものだ」という。「意気張」は江戸の伝統文化だが、上方は違うということである。

3 「通」と「すい」

江戸時代には遊廓についての案内書が多く出版された。需要が大いにあったからだ。それを見ると、読者の最大の関心事は「どうすれば遊女にもてるか」であったことがわかる。「もてる」とは振られないということである。遊廓での遊びはグループで行くことが多かったから、翌朝誰がもてたか、振られたかが話題になる。振られるのは、男として恥である（しかも振られても客は金を払わねばならない）。だからなんとしてももてたい。だが初心者はどうしていいのかわからない。金さえあればもてるというものでもない。ここに武芸や遊芸と同じく修行を積んで経験値を高めれば能力が上がるという考えが生まれる。いわば遊びのマスターになるわけである。そのマスターは「巧者」とか「通人」と呼ばれた。やがて「通人」は略されて「通」となる。遊廓においてはまず「通」が客の評価語として一般化し、次にそれを踏まえて「いき」と「すい」とが遊廓での評価語として確立していったと考えられる。

江戸の遊女は金を取りながら自分の気にいらなければ客を振る。ビジネスとしては不当である。しかし振った遊女は非難されるどころか「張り」があるとして称賛される。江戸で遊廓へ行くとは、そういう個人の意気地を優先する価値観を受け入れるということである。けれども上方では規範が違う。京坂の「すい」の規範の背後にあるのは、伝統的な「雅俗」の分類法である。

「雅俗」は都人の洗練と田舎者の粗野との対比の意味もある。遊廓ではこれに当たるのが洗練された「通」と田舎者である。当時田舎者のことを「山出し」と言った。しかし遊廓では「あの人は山出しだ」などという露骨な言い方はしない。山から出るものといえば「月」だろうというわけで、無知で粗野な客をしゃれて「月」（がち）と呼んだ。では「月」であった客が遊びの経験を積んで巧みに遊べるようになったら何と呼ぶか。天空に実在する月の正反対のものといえば、水面に映る実体のない月影である。仏教は、悟りを開いた者が見る世界の実相の譬えに「水月」(水に映った月影)を使う。俗人の目に実体と見えるものは、実は水に映った影にすぎないというわけである。この「水月」という高尚な譬えを利用して、「月」の反対を「水」(すい)と呼んだようだ。卑俗なものをわざと高雅な言葉を使って表すのは江戸時代のよくあるしゃれである。やがて「がち」は「瓦知」、「すい」は「粋」と表記されるようになる。

『色道大鏡』は、初心者の「瓦知」がいかなる修行過程を経て「粋」になってゆくかを教える教科書でもある。「粋」とは色道の経験を積んだ達人、つまり「巧者」であり、「わけしり」であり、「心の練れた」人であり、「通」のことであるとされる。本書の中核をなす章は「色道大鏡廿八品」であるが、これは子どものような「無性品」(異性に目覚める前の段階)から修行を積んで「粋」となり、さらに色道を極めて「大極品」に至る過程を二八段階に分けて記述している。「瓦知」の初心者が遊廓で大金を費やして修行し、まず「巧者」となる。これは人の心がわかり、かつ人の心を動かすためのテクニックを身につけた人のことである。だから遊女にもてるなどは簡単だし、遊廓での他人のトラブルを解決してやったりもできる。この段階に至ると人は自分が「粋」になったと勘違いしがちだが、まだそうではない。「真の粋というのは、色道のあらゆるわざを身につけながら、知っていることを隠し、自分の欲望にうち克って物を争うことをせず、他人を妬まず、人々から敬愛されて人々を救う。かつ知・仁・勇の三徳を兼ね備え、義を知り敬を忘れず、配慮が深く行動が落ち着いている」という。そんな男じっさいにいるのかと思うほどの難しい要求だが、これが『色道大鏡』が理想とする「粋」である。丹前の「男だて」が好むヤンキーの突っ張りのような意気地ではない。そんなものは子どもじみた振舞いであって、大人の成熟を得ていないからだ。そしてこのような「粋」の根底にあるのが心の清さだとされている。つまり心の清さとは、子どものような無邪気さではなく、成熟の末に行き着く清浄なのである。『色道大鏡』は成熟の果てを「しゃれたる」と形容する。それは「さまざまな経験の末、人の心から汚濁がとれた状態を、雨露にさらされてできた骸骨や枯れ木などの姿にたとえた言葉」だという。「しゃれこうべ」から来ているように、「しゃれた」とはもともと「曝《さ》れた」、すなわち風雨に「さらされた」が「曝《さ》れこうべ」という意味なのだ。そのしゃれた骸骨や枯れ木にたとえて、欲望やこだわりといった心の垢や汚れを洗い流し、透明で澄んだ状態の心を「しゃれたる」というのだ。これは前章の「清風」に近いだろう。とすれば、子供っぽい「男だて」の「意気」と、風雨の人生を経て到達した「すい」とは対極にある。

「すい」を描いた作品としてよくあげられるのは井原西鶴の『好色一代男』である。これは『源氏物語』五四帖にならい、世之介七歳から六〇歳までの五四年間の人生を五四章に描いたものだが、その内容は無心な幼年期から色道を学んでほんとうの「すい」を知るまでの話である。最後の数章では、もはや遊女との愛情関係はなく、ただ面白く遊ぶとはどういうことかが主題となる。「すい」の極致は自分がもてることではなく、他人を楽しませることなのである。最終章では、「いつまで色道の中有に迷っているのか」「もはや浮世に今という今、心のこりはない」と達観し、ついに現世の外へ出ていく。世之介が「すい」の極致を知る転換点で出会うのが、江戸吉原の小紫太夫である。

世之介五七歳、第五一章のタイトルは「情のかけろく」という。「情けをかける」と「賭け禄」（金品の賭）との掛詞で、これは奇妙な賭の話である。主人公は吉原の太夫小紫。当時吉原の太夫は原則として初対面の客と床を共にすることはなく、三回目くらいにやっと相手をしてもらえるのがふつうだった。ところが京都の十蔵という少し頭の足りない仕立屋が、自分なら小紫に初会から振られないと公言したので、意地悪な金持ちが賭けを持ちかけた。十蔵が初会で床を共にできれば家を一軒やる、振られたら一物を切り取るという。京にいた世之介は、面白がって彼に付き添い、江戸にやってきた。初会の日、十蔵は小紫に酒を注ごうとするが手が震えて相手の襟から膝までこぼしてしまい、おろおろした。小紫は大丈夫ですと席を立ち、湯殿で行水し、最前と変わらない姿で座敷に現れた。同じ衣装を二揃い用意していたのだ（西鶴は「上方の遊女では考えられないこと」としている）。そして、初会だからと店は寝具も用意していなかったのを、小紫は十蔵の望みを叶えた。しかも彼の下帯に、確かに身体を許しましたという証文まで書いて与えたのである。不思議に思った世之介があとで小紫に尋ねると「少し足りない人を賭にはめ、江戸まで来させたと見えました。そんな賭の相手があまりに憎くて、あんな男を床に招きました」と明かした。知恵の足りない人をいたぶって遊ぼうという相手が許せなかったのである。この後世之介がいくら口説いても小紫は相手にしなかった。野次馬としてたちの悪い遊びに付き合う世之介も同罪とみなされたわけである。最後に小紫は西鶴から「心憎きおんな」と評されている。

小紫の行為は二つある。一つは酒を高価な衣装にかけられながら、同じ衣装に着替えて何事もなかったかのように戻ってきたこと。これは相手の失敗をさりげなくカバーして、その面目をつぶさない行為であり、「すい」な振る舞いと言ってよい。もう一つは、十蔵を好きになったわけでもないのに、ただ賭の相手の不正を憎み、懲らしめるために十蔵に情けをかけたことである。これは知恵の足りない者をいたぶる行為を怒る正義感に基づく行為とみれば「張り」の一種とも見える。だが「張り」と違うのは、それを戦いの相手はもちろん、十蔵自身にさえわからないように行うことである。彼女は好きでもない男と寝るという犠牲を払いながら、誰からも感謝されず、評価もされないだろう。むしろ、あんな男と初会から寝るなんてと、評価を下げるかもしれない。ここで『色道大鏡』のいう「真の粋」の定義を思い出そう。

「真の粋というのは、色道のあらゆるわざを身につけながら、知っていることを隠し、自分の欲望にうち克って物を争うことをせず、他人を妬まず、人々から敬愛されて人々を救う。かつ知・仁・勇の三徳を兼ね備え、義を知り敬を忘れず、配慮が深く行動が落ち着いている」

小紫の行動はこれに近いと言えないだろうか。

さらに注目すべきは、世之介が小紫に振られたことである。『好色一代男』は『源氏物語』をふまえ、世之介は光源氏をモデルにしている。貞淑な人妻を口説いて殴られるといったことはあるけれども、基本的に世之介はもてまくる。もし「すい」の目標がもてることにあるなら、すでに五七歳で小説中でももはや「名誉の上手」「わけ知り」とされている世之介が振られるというのは、構成としてありえない。西鶴は小紫と比較することで、世之介が「巧者」ではあってもまだ「すい」ではないことを示したのだ。世之介はなぜ振られたのか。金はうなるほどある。遊廓での経験は誰よりもある。「巧者」であり、「通」と呼んでもいい。ただ彼の人格に根本的な未熟さがあるのだ。それは世之介の目標が、もてること、自分がおもしろく遊ぶことにしかないことである。言い換えれば、自分の欲望を満たすことにしかないことである。小紫から見れば、世之介は事の成り行きを予測できるだけでなく、十蔵を助ける力もあるはずだが、弱い者の不幸をただ面白がるばかりで救おうとしない。それは「すい」ではないのだ。

この話を最後に、世之介はもう女を口説かなくなる。まるで「もてる」という欲望を失ったかのようだ。五八歳の章では友人の遊びを助ける。五九歳の章では馴染みの遊女を身請けして自由の身にしてやるなど、金をまき散らして身辺整理をすませ、見残した遊廓である長崎におもむく。だがそこで世之介がするのは、丸山の遊女たちを楽しませることであって、自分の満足ではない。そして六〇歳になると「今はもう浮世に心のこりはない」と、「好色丸」という船を仕立て、もはや帰らぬ覚悟の船出をするのである。ここに世之介の色道は完成するのだが、その転換点は小紫によって教えられた「真の粋」であると言ってよいだろう。

4 「いき」の意味の拡張

「いき」は「意気」すなわち「心意気」として始まった。しかし時代とともにその意味はしだいに拡大して、ファッションの美的規範となってくる。それはどのような経過をたどったのだろうか。まず各時代の辞書的な定義を探してみよう。『色道大鏡』（一六七八）には遊廓用語を説明する「言辞門」があり、「意気」をこう説明している。

意気　「いき路《じ》」ともいう。「路」はいきの道すじを表している。いきのよしあしは世間でもよく言われるけれども、もともとは色道から来ている。「心いき」のよしあしのことである。心の清いのをいきがいいと言い、心のむさいのをいきが悪いなどと言う。この対比は心が成熟しているか初心者であるかの違いにも通じる。

「いき」は心が「清い」か「むさい」（穢い）かの問題であり、それは心が成熟しているかどうかの問題に通じるという。世之介が小紫に振られたのも、この「いき」の清さがないと判断されたからかもしれない。なんにしても「いき」は心の問題とされている。容姿や風采の問題ではない。といって江戸の「男だて」風の「意気張り」とも違う。『色道大鏡』の著者は京都の人であり、島原を遊廓の代表とみなしているから、「意気」の意味も江戸とは違うのだろうか。

およそ百年後の『吉原大全』(一七六七)は、吉原遊廓でもてるための条件として「意気」をあげている。

女郎にもてるには貧富は関係がなく、名が大事である。名の通った意気人にはどこの女郎もほれるものだと思え。女郎をだましたりすかしたりといったさもしいことは、真の通人ならしないものである。意気地というのは、心さっぱりといやみなく、伊達寛潤で洒落を表とし、人品高尚で実を裏とし、風流に遊ぶのを真の通人という。

『吉原大全』もまた外見を問題とせず、もっぱら行為や精神を問題にしている。「意気人」とは意気な人ということであり、「意気地」がある人ということだろう。しかも「意気地」の説明をみると、やはり「男だて」風の「意気張り」とは違う。むしろ心の清さや人間としての成熟度など、『色道大鏡』と似たようなことに注目している(「伊達寛潤」とは男らしい心の広さをいう)。そして「意気人」と「真の通人」とは同じものであるらしい。

一八〇〇年前後の江戸時代の日常語を集めた辞書『俚言集覧』に、やっと見た目の姿を表す言葉が出てくる。

いき　意気の義。意気ある人の風采《フリ》が瀟洒《サッパリ》しているところから風流人《ミヤビタル》のことをいう

『吉原大全』を踏まえたような文言だが、「風采」という言葉から髪型や着物などの美的評価として「いき」の語が使われるようになったことがわかる。

江戸時代「いき」は「意気」の他にもさまざまな文字が当てられた。たとえば「大通」「好意」「好雅」「好風」「当世」などに「いき」と仮名が振られている。当時の振りがなは、必ずしも難読文字の読み方を示す「読み仮名」ではない。むしろ漢字のほうが仮名の言い換えだったり解説だったりする。だからそれらの漢字をみると「いき」にどんな意味を与えようとしたのかがわかる。「大通」は遊びに通じた者(「通」「通人」)だから『吉原大全』の「意気人」に近い。「好意」は「心の清い」(『色道大鏡』)とか「心さっぱりといやみなく」(『吉原大全』)などのような心持ちのよさとして「いき」を捉えている。しかし「好雅」「好風」になると、趣味のよさが注目されている。「当世」は今どきの流行という意味だから、むしろファッションなどの外見が問題になっている。

「いき」の用例を調べた中野三敏によれば、「意気」は初め精神面の特徴を指していたのが、明和(一七六四―七一)ころから見た目のようすを指すことが多くなるという。たとえば「なりや何かを意気にさっしゃい」とか「ほっそりと意気なる色男」とか「岸縞の小袖さっぱりと……本多くずしの意気なる男」といった具合である。そして寛政期(一七八九―一八〇一)になると「ぬしの声はいきだよ」とか「万事いきにして如才なき通人なり」とか、「殆どあらゆる『いき』の様態が出そろっている」とする。とすれば、一八世紀中頃から「いき」は人や物の外見について用いられるようになり、さらに一八世紀の終わりころにはあらゆる分野に拡張して使われるようになったといえる。またこのような意味の拡大にともなって、心のあり方を指す「意気」よりも「洗練」というニュアンスをもつ「粋」を「いき」の表記として選ぶ人も出てきたのだろう。

美意識となった江戸末期の「いき」に焦点を当ててその構造を分析したのが、有名な九鬼周造の『「いき」の構造』である。そもそも「いき」とは日本独自の美意識なのか、それとも普遍的なものなのか。九鬼周造は冒頭部でこれを問題にした。そしてドイツ語とフランス語にみられる似た言葉(「シック」や「コケット」など)の意味を検討し、こう結論した。

要するに「いき」は欧洲語としては単に類似の語を有するのみで全然同価値の語は見出し得ない。したがって「いき」とは東洋文化の、否、大和民族の特殊の存在様態の顕著な自己表明の一つであると考えて差支えない。

「いき」とは日本人の独特の生き方を反映した言葉だということである。続けて九鬼は「いき」の構造分析に入り、有名な三要素、「媚態」と「意気地」と「諦め」とを取り出す。このうち「媚態」つまり異性から好意を得ようとする態度はどこの民族にもあるけれども、その現れ方に「意気地」と「諦め」とが影響するのが日本の「民族的、歴史的」な条件だとみる。なお九鬼は「意気地」を説明して「媚態でありながらなお異性に対して一種の反抗を示す強味をもった意識」だという。とすれば彼の言う「意気地」は現代の用法に近く、「意気張り」にあたる。九鬼の結論はこうである。

要するに、「いき」という存在様態において、「媚態」は、武士道の理想主義に基づく「意気地」と、仏教の非現実性を背景とする「諦め」とによって、存在完成にまで限定されるのである。

べたべた甘える媚態は「いき」ではない、諦めの悪いのも「いき」ではない、というわけである。たしかにそういうものを私たちは「いき」とは呼ばない。九鬼の説は説得力がある。けれども江戸時代の「いき」の定義や用例を少しばかり見てきた私たちには、この分析が一部の「いき」にしか適用できないことがわかる。中野三敏は、『「いき」の構造』が分析の対象にしたのは文化文政期（一八〇四～三〇）以後の用法であるとして次のようにまとめている。

「いき」が「意気地」の精神性を特に強調し、また残存していた間は、それは男性に用いられることが多かったが、精神性の強調がやや薄まりより具体的なものを指すようになってくると、もはや男女の区別はなくなる方向にあり、化政期をすぎるころからは、「いきな年増」などのごとくむしろ女性美の表現の一つとして用いられることのほうが多くなるとも言える。そうなると「精神性」の強調よりは、むしろ「媚態」を主とした「色っぽさ」の表現となって、『「いき」の構造』の分析に適応するのである。
「すい・つう・いき」

つまり九鬼の「いき」の分析は江戸末期の女性の「色っぽさ」の話であって、初期の用例にはあてはまらないというのだ。さらに言えば、九鬼のいう「諦め」とか「媚態」とかは自由を奪われた遊女にはあてはまるが、客である男性や、遊廓の外で生きている人々には必ずしもあてはまらないとも言える。そもそも「いき」の要素としての「諦め」は九鬼の言うように仏教から来ているのだろうか。ひょっとしたら「潔さ」を重んずる武士道や、欲望を捨てることを「清い」心とする伝統から来ているかもしれない。また「意気地」はほんとうに「武士道」から来たものだろうか。むしろ丹前の奴たちが男を立てるため（男だて）の条件とした「張り」（意気張り）の継承かもしれない。

ともあれ、美意識としての「いき」は幕末の江戸に完成した。今日の私たちが「いき」という言葉を使うときは、それを継承している。それは「風流」と同様、人間の生き方・ふるまい方であり、また身なりや身の回りの品々にあらわれる美意識である。つまり生活文化の美的規範である。ではその構造はどのようなものか。いったん九鬼の分析を離れて、別の視点から「いき」の美学を考えることにしよう。

IX 「いき」の美学

1　「出ず入らず」――美の追求の忌避

「いき」はやはり遊廓でもてるための条件として語られることが多かった。たとえば、洒落本『遊子方言』は自称通人が初心者の若者を連れて吉原へ行く話だが、その通人はこんな風に説教する。

惜しいかなお前は色男なのに、なりや作りがどうもさえない（中略）吉原での着物は黒が間違いない。それから髪が野暮だ。（髪型について詳しく注意したあと）どうぞなりや何かをいきにさっしゃい。

このあと当時必須の持ち物であった紙入れの布地について「とんだいきなきれだ」などと言ったりもする。つまりもてるための条件として、着物や髪型や持ち物を「いき」にしなければならないと、この自称通人は言うのである。

「いき」は、さらに強調の接尾辞をつけて「いきちょん」と言うこともあった。いきな本多髷を「いきちょん本多」、いきな羽織を「いきちょん羽織」、上から下までいきにすることを「いきちょん揃え」などと言った。『金平《きんぴら》異国遶《めぐり》』という本には「いきちょん国」が登場する。主人公の金平は夢の中で異国めぐりをするのだが、「まんまん国」で金満になり、次の「いきちょん国」で「いきちょん」の風を学び、まんまん国で得た金で当世風の衣裳をつくって「いき人」となり、いよいよ「妓婦国」へ遊びにでかける。要するに夢の中で大金持ちになって遊廓で遊ぶという『金々先生栄華夢』と同じ趣向である。ただ違うのは、『金々先生〜』では遊ぶために必要とされたのが金だけであったのに対し、『金平〜』のほうは金に加えて「いきちょん」ないでたちが必要とされたことである。いったい江戸では、どういうものが「いきちょん」と呼ばれたのだろうか。

　この時期の深川遊廓を描いた洒落本『辰巳の園』に「志厚」という通人が登場する。こういう本では名が体を表すから、志厚は軽薄な半可通ではなく、模範的な通人である。この志厚の姿を描写して「髪は本多にあらず、茶筅坊にあらず、出ず入らずの男女好《いきちょん》と結《ゆい》」とある。男女にかかわらず好かれるというこの髪型を考えてみよう。

　そもそも洒落本には髪型についての言及が多い。遊廓でもてたい男たちにとって髪型は大きな関心事だったのだ。「茶筅坊」とはいわゆる「茶筅髷」のことである。後ろにまとめた髪の束で一〇センチくらいの塔を作って後頭部に立て、その先端を切って房をつくる。その形が茶筅に似ていることからこの名前がある。戦国時代の武士の髪型であり、江戸時代になっても一七世紀半ばまで流行した。「丹前立髪」も茶筅髷である。しかし一八世紀になると、うしろでまとめた髪を少し伸ばして猫の尻尾のようなものをつくり、先端を前方に向けて折る「二つ折り」という髷が主流となる。茶筅髷は田舎に残る程度になった。つまり「茶筅」は「浅葱《あさぎ》裏」と同じで、流行遅れであることを知らない田舎者の髪型という意味になったのである。

「本多髷」とは頭頂部を広く剃って月代を大きくし、残りの少ない髪を頭の後ろで細く束ねてネズミの尻尾のようなものを作り、それを上に向けてからくるりと前へ折り曲げて先端を頭頂につけるものである。その印象は、よく言えば繊細優美だが、悪く言えば軽薄軟弱である。男くさい逞しさもなく、謹厳実直にも見えない。ところがこれが江戸中期に大流行した。とりわけ吉原へ行くには本多でなければならないとさえ言われた。『当世風俗通』では「時勢髪」と書いて「ほんだふう」と振りがなしているくらいである。細部に工夫を求めるのが流行の常だから、本多には「金魚本多」とか「疫病本多」とかさまざまなヴァリエーションが生まれた。「疫病本多」とは、頭の上にもってくる尻尾部分（「刷毛《はけ》」という）があまりにも細いので、病気で髪の毛が抜けたように見えるという名称である。一八世紀後半の江戸風俗を記述した『賤のをだ巻』にも本多の流行ぶりの記述がある。「歌舞伎役者の髪型なのだが、身分の高い家柄でも若い人たちは本多に結って、裃で公務を勤めたりしている。しかしこの頭はふさわしくない」とある。「まったく近頃の若い者は」という声が聞こえてくるようだ。今で言えば、ダークスーツにネクタイで役所に出勤する男の頭が金髪であるようなものか。

注目すべきは「出ず入らず」という言葉である。「ちょうどいい」と言ってしまえばそれまでだが、これは両方の中間にしておけばいいというニュアンスではない。まして「普通」や「平凡」にしておけば安全だという意味ではない。これは程度を表す言葉ではなく、むしろ新しい規範を示す言葉だと考えるべきだろう。

美を求める人は、できるかぎりの美を実現しようとする。スポーツ選手が記録を追うように、美の追求に限界はない。スポーツも種目ごとに計測基準が違うように、美にもいくつかの方向（趣味）があり、それぞれの基準が違う。中世の「婆娑羅」なら美麗を追求して絢爛豪華を尽くそうとする。世阿弥の「幽玄」なら上品を追求して気品ある繊細優雅を目指す。「わび数寄」なら「冷え」た美を追求して色彩を排除し、目に立つ技巧を排除し、いかにも無作為のように見せようとする。美の理念は異なっても、追求の姿勢は変わらない。適当でいいなどと言えば、スポーツと同じで、仲間からまじめにやれと非難されるだろう。しかし「出ず入らず」とは、このような追求を放棄するものである。いや、むしろ「追求」という行為そのものを意図的に避けている。ここには何か新しい美の条件が働いているのだ。それは何か。

2 「半可通」と「野暮」——「恥」の文化

ここで導入された新しい条件とは、他者の目である。このことに気がついたのは「いき」の構成要件の一つに「媚態」があるとみた九鬼周造であった。彼はそれを「二元性」と呼んだ。媚態という状態においては、「私」はつねに「あなたにとっての私」であるほかはないからだ。ひとり相撲が相撲として成立しないように、「私を見るあなた」がいなければ媚態は成立しない。九鬼は「なまめかしさ」「つやっぽさ」「色気」などもこの二元性をもつとする。これらは媚態を行う者に対して他者の視線が下す評価であるからだ。ただし「上品」はこの二元性をもたないともいう。「上品」

であるために他人の目は必要ないからだ。九鬼は「いき」をこの媚態の現れ方の一形式とみなし、したがって他人の目に依存する二元性をもつと考えたのである。

媚態の例はわかりにくいかもしれないので、別の例を考えよう。ある行為が「善」であるか「悪」であるかは、道徳的基準に照らせば機械的に決まる。他人の目は関係ない。しかしある行為が「恥ずかしい」かどうかは、他人の目によって決まる。基準はこの場合「人の目」なのだ。人目のないところで立ち小便をするのは、悪いことかもしれないが、恥ずかしいことではない。善悪は一元的だが、恥は二元的なのである。

ここで日本人論の古典『菊と刀』を思い出そう。第二次大戦中、アメリカ政府は日本兵の行動パターンを知るために文化人類学者のルース・ベネディクトに研究を依頼し、彼女は戦後その成果を公刊した。『菊と刀―日本文化の型』である。そこで彼女は西欧の文化を「罪の文化」、日本の文化を「恥の文化」と呼んだ。ここで言う「罪」は法律の問題ではなく、良心の問題である。だから裁判で無罪になろうが、他人がどう言おうが、良心に照らして自分が罪ありと思えば苦しむことになる。「罪」は当人の内面の問題なのだ。ところが日本人は他人の目によって自分の行為のよしあしを判断している。その基準は他人の目に適切と見えるかどうかである。この「恥」こそが日本人の倫理規範だというのである。九鬼風に言うなら、「罪」は一元的であり、「恥」は二元的である。罪の有無は自分で決定できるが、恥の有無は他人が決定するものであるから。

「すい」は一元的である。『好色一代男』の小紫を思い出そう。彼女の自己犠牲的行為はまったく他人の目にわからない。助けられた十蔵さえ、ただ自分がもてたと勘違いしているだけで、助けられたことに気づかない。だから恩を感じることさえない。けれども江戸の遊廓では、かなり初めから二元的であった。つまり他者の目を意識して「体面」を重んじ「恥」をかくことを恐れていた。それは初期の丹前の「意気地」にすでに現れている。水野は自分の命よりも「男だて」としての面目を重んじたのである。中期の「いき」の時代はもはや奴風の殺伐とした文化ではないが、やはり「恥」は大きな関心事だった。

遊廓でもてるためには遊廓の慣習や遊女らの心理に通じ、頭から足下まで「いきちょん」な装いをすることが条件だと思われていた。この条件を満たす人を「通」といい、遊びの初心者たちは「通」になるためのガイドブックを求めた。この需要にこたえて洒落本、別称「通書」が登場する。最初の洒落本といわれる『遊子方言』の第一話は「通り者」(通人のこと)が初心者の若者を連れて吉原へ行き、「いき」を指導する話である。ところが通ぶりをひけらかす「通り者」が冷たいあしらいを受け、遊廓事情には無知だが素直な若者がもててしまうという結末になる。まるで「いき」が野暮に敗北するかのようだ。じつは洒落本にはこのパターンが多い。

「通」の反対語は「野暮」である。野暮とは場のルールに無知であったり、他人に対して無神経であったり、美的センスを欠いていることをいう。ただし、前述の若者のように、無知であることを自覚し、他人から学ぼうという謙虚さがあれば、吉原はやさしく扱ってくれる。無知で嫌われるのは「田舎者」といわれる人種である。彼らは自分が無知であることを自覚せず、他人の気持ちを無視して身勝手に振る舞うからだ。けれども、野暮よりも軽蔑される者がいる。なまじ多少の知識と経験があるため、自分が通人であると思いこんだり、通ぶりをひけらかそうとして馬脚を出してしまうもの。いわゆる「半可通」である。「なま通」ともいう（「なま」は「なま兵法」のように中途半端を意味する）。そして洒落本の内容は、手本となる通人の描写よりも、半可通の言動を描いて嘲笑することに重きがおかれている。もちろん洒落本はエンターテイメントであるから、面白おかしく書こうとする。だが『東海道中膝栗毛』のような単なる滑稽な失敗談とは違うところがある。通のつもりで一人悦にいっている半可通に対し、遊女をはじめ周囲の人々が、心の中で馬鹿にしているのがわかるように書いている。つまり、いかに恥ずかしいかがわかるように書いている。その笑いは、ふつうの笑いではなく、嘲笑なのである。洒落本には、こうすればもてるという教えよりも、こうすると笑われてしまうという教訓が多いのだ。

従来「いき」の反対語は「野暮」であると言われてきた。しかし「半可通」は「野暮」よりも恥ずかしいものだった。だから江戸末期の「いき」を調べるなら、「野暮」の反対語としてだけでなく、「半可通」の反対語としても調べなくてはならない。まぎらわしいことに「半可通」もまたある意味で「野暮」とは反対のものである。ただ半可通の連中は「いき」を「上品」や「美醜」と同じく人や物の属性と考えており、「いきちょん」な身なりや言動をすればもてると思っている。じつは「いきちょん」とは他人から好かれることだということ、つまり「二元性」の問題だということを知らないのである。

上方において「通」は「すい」となり、江戸では「通」は「いき」となったと前に述べた。そして上方の「すい」を調べたとき、その対極は「がち」であり、それは「山出し」を意味していた。つまり「通」の反対は無知であった。無知な人はふつう自分が無知であることを自覚しているから謙虚に学ぼうとする。そこで『色道大鏡』は「がち」が修行を積んで「すい」に到達する道（色道）を説いた。しかし江戸においては、「通」の対極は「半可通」であった。「半可通」は当人にその自覚がないので、あたかも通人のように振る舞う。ところが他人の目から見れば、それは滑稽でしかない。これほど恥ずかしいことはない。

何が恥ずかしいのか？　知らないのに知ったかぶりをしていること。できないのにできるふりをしていること。そしてできていないのに、自分はできていると思っていること。たとえば、流行の衣裳を自慢げに見せびらかしているのに、それがすでに流行遅れであったりすること。田舎侍の代名詞となった「浅葱裏」がよい例である。浅葱色（ネギのような緑がかった青）の木綿は一時江戸で流行したが、やがて廃れた。しかし地方ではそのことが知られず武士の着物の裏などに用いられていた。参勤交代があると彼らはその姿で江戸にやってくる。そして流行遅れであるのに、自分はいけていると勘違いしているところが滑稽だというので、馬鹿にされたのである。「女にはご縁つたなき浅葱裏」という川柳は、江戸人たちの彼らへの嘲笑を示している。しかもこれは町人たちによる、武士への嘲笑である。「いき」という文化規範は、このような階級を逆転する革命を可能にしたのである。

では、恥ずかしくないふるまいとはどういうものか。右の反対を考えてみよう。知っているのに知らないふりをすること。できるのにできると公言しないこと。できているのに、みせびらかさないこと。ここに来て私たちはようやく「本多にあらず、茶筅坊にあらず、出ず入らずのいきちょんと結い」という言葉の意味を理解することができる。

「本多」は流行の髪型である。「茶筅坊」は流行遅れの髪型である。そのどちらでもないのが「出ず入らず」である。流行遅れはもちろん恥ずかしい。だが流行に乗っていると見られるのも恥ずかしいのだ。とりわけ「本多」は派手であるから目に立つ。つまり自分は流行を知っていると誇示しているように見える。それは「出ている」ことなのである。逆に「入っている」とは、何も外に表れているものがないことである。つまり髪型に何の特徴もない、適当に結っているだけというものだろう。そういうものは「いき」ではない。おそらく志厚は本多には結わなかったが、本多を生み出した時代の美意識については鈍感でなかっただろう。そのころの時代の好みは、髪は少なく眉は細く、軽快にすっきりとつくるものだった。髪の量が多いものは、その重い感じを嫌われた（もっとも開国以後、日本が戦争を意識し始めると、古風な大きい髷がまず武士に、そして庶民にも流行する。それを「糞船のたわし」と呼んでいやがる人もいた）。志厚も時代に合わせて、髪の毛を減らすといった調整をし、垢抜けた印象の頭を作っていただろう。それは保守的な老人から若い女性まで、誰が見ても厭味のない髪型だったろう。だから「男女好《いきちょん》」と言われたのである。「男女好」の反対語は、たぶん「いやみ」というのが一番近いだろう。それは自分が「いき」であることを誇示し、他人に評価を強要する態度である。

けれどもなぜ「出ている」ことが恥ずかしいのだろう。見せるべきでない何かが、他人の目に見えてしまうからである。では何が見えるのか。それは自分をよく見せようという「作為」である。たとえば、震災の被災地に多額の寄付をしたタレントが、金額を記載した振込用紙の写真をインスタグラムに上げたところ、ネット上でいわゆる「炎上」状態となったことがある。「売名行為」だというのだ。寄付そのものは善行だが、その動機が「美徳の誇示」であるとみなされたのである。

一元的に道徳的基準に従うなら、いくら善を追求してもよい。美的基準に従うなら、いくら美を追求してもよい。しかし「恥の文化」においては、その行為の背後にある「作為」が問われるのである。自己顕示欲から出た善行は「偽善」と呼ばれ、相手の感謝を要求しているように見えると「恩きせがましい」と言われる。美意識の高さをあからさまに誇示すると「きざ」とか「ぶってる」などと言われるだろうし、得意げに振る舞うと「気取ってる」とか「いやみ」などと言われる。それらは恥ずかしいことなのである。

「出ず入らず」という規範が美の追求の行き過ぎを避けること（「出ず」）、そして何の美の工夫もないのを避けること（「入らず」）であるのは、きざになったり野暮になったりする「恥」を避けるためである。ただし何も知らない野暮は大きな恥ではない。半可通にありがちな「『よく見せようとする作為』が見えること」が致命的な恥なのである。ここには屈折した二重構造がある。

もともとおしゃれは自分をよく見せようとする行為である。単に「よく見せよう」とするだけなら、美を追求すればよい。だが「自分をよく見せようとする作為」が見えることが恥ずかしいと思った瞬間、その作為を隠すという別の次元の作為が始まる。「出ず入らず」であるためには、そのような「『作為』を見せない作為」が必要なのである。それは繊細な美意識を持った人間にしかできないことであり、だからこそ『辰巳の園』はこれを深川の「いきちょん」としたのである。ひょっとしたらその背後には、ライバル吉原の「いき」はしょせん本多髷を好む程度の単純なものだという思いがあったかもしれない（じつは深川は吉原を野暮と見くだしていた）。

こうして「いき」の美意識は屈折したものとなる。野暮を恥ずかしいと思えば外見や振る舞いを洗練させて「通」とならなければならない。しかし「通」であるところを見せようとすると、今度は「通ぶってる」とか「むしろ厭味だね」とか言われる。日本には「自分をよく見せようとする」ことを「見苦しい」とみなす文化があるからだ。

なぜそれを「見苦しい」と見るのか。それは「欲望」という利己的なものが表面に出てしまっているからだ。「欲望」の抑制はいうまでもなく倫理的な要請である。ここに「いき」という美意識が倫理的な規範につながる理由がある。服装が「美しい」かどうかは美的判断の対象だが、自分の美意識が優れていることを他人に認めてもらいたいという「欲望」は倫理的判断の対象となるのだ。

もちろんこれは美意識の有無だけでなく、徳性の有無についてもあてはまる。ある行為が善行か否かはもちろん倫理的判断の対象だが、善行をして自分が「いい人」であるとの評価を得ようとするとき、その欲望もまた倫理的判断の対象となる。欲望が表面に出てしまうとき、せっかくの善行も他人の目にはかえって「見苦しい」と映るのである。ではどうすればよいのか。ここに「いき」な振る舞い方が工夫されることになる。

3 「いき」の表と裏――二重構造のしかけ

テレビでジャングルポケットという三人組がこんなコントをしていた。ある会社員の男が会議を前に悩んでいる。今日恋人が外国へ旅立とうとしている。彼は空港へ駆けつけて彼女を引き止めたいのだが、勤務時間中だ。ついに彼は意を決して、上司に外出の許可を求める。厳格な上司は、部下が重要な会議を休んで女に会うことを許さない。しかしそのあと上司はこう言う。「まだ会議まで時間があるな。風邪気味なので、ちょっと寝ることにする。その間なにがあっても私は気づかないだろう」。すると部下はひどく心配し「すぐ布団を用意します」と布団を取りに行こうとする。上司はあわてて彼を引き止め、改めてこう言う。「腹が減ってきた。私の好きな弁当が空港にあるので、今すぐ空港へ行って買ってきてくれないか」。すると部下は怒り出す。「私が彼女に会いに空港へ行くのはだめなのに、自分の好きな弁当は買いに行かせるんですか！」観客は爆笑した。コントのタイトルは『伝わらない』。上司の真意は、部下に恋人のもとへ行かせることにある。ただしそれは言葉の上には表われず、言外の意味として示唆されている。部下は言葉の表面だけを、まさに文字通りに取ってしまう。その結果、部下思いの上司がまるで悪い上司になってしまったことに観客は笑ったのである。

考えてみれば、上司は「勤務時間中ではあるが空港へ行け。おれの責任で許可する」と言ってもよかったはずである。なぜそれを言外の意味という形で伝えようとしたのだろうか。表面上相手が「規則違反をする」形にせず、また明示的に自分が「恩を売る」形にしないためである。そしてこういうやり方をふつう「いきな計らい」と呼ぶ。

「いきな計らい」の基本的パターンは、義務（ルール）と人情（欲望）とが衝突して悩んでいる者を助けるために、形式上ルールを守りながら、実質的に欲望を達成できるようにしてやることである。一番多いのは、「見て見ぬふり」をすることである。右の上司はまずこれをやろうとした。次によくあるパターンは、なにか別の「正当性」を与えることである。だから上司は二番目の策として、空港へ行くことが「職務違反」ではなく「上司の指示」になる形にしようとしたのである。

また相手を救済することが「恩」にならないように工夫することも多い。相手が望みながらできないことを「偶然」を装って実現させたり、自分の希望であるかのように装ったりする。上司が部下の空港行きを自分の希望としたのもその一例である。「形式上」相手が感謝を表明しないでもよい形にすれば、相手の面子を傷つけないことになる。

大事なのは、この「形式上」とか「表面上」ということである。実質的にそれが人を助ける善行であったりしても、表面上はそう見えないことが「いき」の条件なのだ。つまり「いき」な行為には「表」と「裏」という二重構造がある。そしてこの二重構造は美的表現に転用できる。こうしてようやく、「いき」が行為から美意識へと広がることができる。

たとえば、着物の表には安価で地味な生地を用いながら、裏に高価な生地や華やかな模様を用いることが江戸時代に流行った。また男物の着物は地味な色の無地や縞が普通だったが、その下に着る襦袢は派手な図柄のものが少なくなかった。もちろん下着は表からは見えない。だが見えないところに目いっぱい凝るのが「いき」だったのである。

裏に高雅な内容を置き、表に低俗なものを見せるという二重化の操作は、江戸文化のさまざまな方面で行われた。たとえば伊藤若冲に野菜の水墨画がある。中央に大きな大根が横たわり、周囲をさまざまな野菜が取り囲んでいる。彼は元青物商だから、店先の光景でも描いたのかと思う。しかし題名が『果蔬涅槃図』であるのを知ると、意味が一変する。伝統的な「釈迦涅槃図」の構図は、中央に大きな寝釈迦を、周囲に釈迦の死を悲しむ弟子や動物たちを描く。若冲の絵は大根を釈迦に見立てたのだ。表は大根、裏は釈迦という二重構造になっている。こういうものを「見立て絵」という。浮世絵には「見立て絵」が多い。たいがい古典の中の故事や詩句など、文句のない「雅」の題材を当世の「俗」に置き換えたものである。たとえば能の『菊慈童』や『張良』の一シーンを若衆や美女で置き換え、『見立菊慈童』などの題をつける。つまり表は艶っぽい江戸の風俗なのだが、その裏に古典の雅の世界があることがほのめかされている。当時浮世絵は絵画の中でも庶民向けのものだから「俗」な身分であり、能は武家の式楽として「雅」の身分にあった。見立て絵は表が「俗」で裏が「雅」という二重構造が趣向の眼目となっている。

石川淳はこのような「雅」を「俗」に仕立て、「聖」を「俗」に仕立てる操作を「やつし」と呼んだ。そして文学においては俳諧にその代表を見出し、さらにそれが江戸の市民の文学、つまり「俗」文学一般の方法であるとした。

このやつしという操作を、文学上なんと呼ぶべきか。これを俳諧化と呼ぶことの不当ならざるべきことを思う。一般に、江戸の市井に継起した文学の方法をつらぬいているものはこの俳諧化という操作である。

「江戸人の発想法について」(傍点原文)

俳諧については前章で述べた。俳諧化は文学の方法だが、「やつし」は広く江戸文化全般にみられる方法であった。「やつし」の語はもともと身分の高い者(若殿様など)が、事情があって身分の低い者を装うものである。歌舞伎ではこれを利用した「見顕し」という劇作法がある。身分は低いが主要な登場人物が幕切れ近くで実は高貴な、あるいは有名な人物であったと明かし、劇的な効果をもたらす手法である。たとえば『義経千本桜』では船宿のおやじが実は平知盛、その娘が実は安徳天皇である。この手法は『助六』でも用いられており、助六が実は曾我五郎である。つまり乱暴者の遊び人は表であり、その裏は親の仇を討とうとする孝行者である。この二重構造で大事なことは、表は当代(江戸時代)を生きる身分の低い町人であるけれども、裏にある本体は古典の世界の著名人であること。つまり仮の姿である「俗」の実体が「雅」だということである。

表の外見は「俗」であるけれども裏の本体は「雅」であるという二重構造を美的現象に適用するとどうなるか。見かけは美麗でないけれども、見えないところが美しいということになる。しかし、そもそも「美」とは見かけの問題だとすれば、そんな二重構造が成り立つのだろうか。それは可能である。見る人が想像力を働かせれば。つまり目に見える表面の裏側にまったく別の姿を想像できるなら、「これはいきだ」という判断が生まれるかもしれない。もちろんそのためにはなんらかのトリックが必要となる。もっとも簡単なトリックは、「見えないものがあること」を教えるという方法である。

4 幽玄——想像された美

鴨長明がこんなことを言っている。想像力のある相手には、隠しておいてほのめかすほうが露骨に全てをみせるよりも効果的である。たとえば男が浮気をしたとき、女が泣き叫んで訴えるより、じっと耐えながらときおり涙ぐんだりしてみせるほうが男の心に刺さるものだ、と。長明は『方丈記』で有名だが、もともと歌人であって『無名抄』という歌論書も書いた。その中で「幽玄体」という和歌の新しい手法を説明するとき、右の「忍ぶ女」のたとえを用いた。さらに霧に隠れた紅葉にもたとえている。紅葉の季節に山へ行っても霧でほとんど見えないことがある。しかし「霧の切れ目から少しだけ見える紅葉は、もし山の全体が見えたらどんなに美しいだろうと想像させる。この想像の紅葉はじっさいに見るよりも美しい」と。これは美についての画期的な主張だった。それまで美とは見えている対象の特性だとされていたものを、長明は人の想像力が生み出す美もあり、しかもそのほうがより美しいとしたのである。

この「幽玄体」は藤原定家の創始した作歌法である。だから定家の歌を例にとろう。次の歌は古来「三夕の歌」（秋の夕暮を詠んだ三つの名歌）の一つとして名高いものである。

見渡せば花も紅葉もなかりけり浦の苫屋の秋の夕暮　『新古今集』

日本の古典世界では花（桜）と紅葉が美の代表である。だがこの歌は、そんなものは何もないと言う。荒涼たる浜辺の粗末な小屋に住んで、しかも秋の日は暮れようとしている。なんとも侘しい報告である。この歌の特徴は見えないものを語るところにある。「花も紅葉もなかりけり」とわざわざない物の名をあげるのはなぜか。それは詠み手がないものを想像したことを告げているのである。浜辺の貧しい小屋の中で、かつて都で見た華麗な花紅葉を想像するという作業は、白居易が雨の夜に田舎の草庵の中で、花の盛りの都での生活を想像したのに似ている（たぶん定家の歌は、白居易の詩と流罪にあった海辺の歌人たちの歌をふまえている）。想像された花は単に美しいだけではない。失われたものであるからこそ、深く心に沁みるのである。

この美意識は『徒然草』の吉田兼好に受け継がれる。彼は「桜は満開のときに、満月は雲のない夜にだけ見るものではない」という挑発的な言葉を残した。そして桜は散ったあとに、月は雨で見えない夜に想像するのがいいのだと説く。

似たような見解は世阿弥の能楽論にもある。『風姿花伝』は「花」を能の理念として説いたことで知られる。花のような魅力・美しさこそ能楽師のめざすべきことだというのだ。ところが当時の観客は能の批評にしばしば「しおれたる」という言葉を使っていた。花が盛りを過ぎて萎れてしまった状態だというのである。これは誉めているのかけなしているのか？　この質問に対し、なんと世阿弥は「しおれたる」は「花」よりも上だと答えるのである。ただしそれは「花」が萎れたものでなければならないと付け加える。萎れた花を見るとき、私たちは盛りの花を想像する。だがしなびた草を見ても、そこに花を想像することはない。世阿弥は美しい「花」を想像させるしかけとして、「しおれた」花を評価するのである。

多くの歌が目に見える光景だけを語るのに対し、定家の歌は表面（現実）と裏面（想像）の二重構造を持っている。このような手法が有効であるためには、読者の側の想像力が発動されなければならない。もし読者が事前に花紅葉を見たことがなければ、またそれを想像することができなければ、この歌は成り立たない。同様に、能の名人の「しおれた」芸は、ただ貧相なものにしか見えないだろう。

のちに「見渡せば〜」の歌は茶道の精神を表すものとしてしばしば取り上げられるようになる。そのきっかけは一七世紀末に成立した茶書『南方録』にある。これは千利休の教えを書き留めた茶の秘伝書という形式をとっているが、実態はさまざまな伝承を利休没後百年ほどしてとりまとめたものであるようだ。だから『南方録』で利休の言葉としているものが本当に利休のものかどうかは疑わしい。けれども三百年近くの間これが利休の思想を伝える秘伝書と信じられ、茶人たちが大いに珍重してきた事実がある。だからここでは、江戸時代から最近までの茶道の精神を反映している資料として取り上げることにする。

『南方録』は武野紹鷗（利休の師）が侘び茶の心を表すものとして定家の「見渡せば」の歌を示したと伝え、これは「花紅葉」つまり美は心の中にあるという教えだと解釈する。注目すべきはこれに続く一文である。利休はこれに加えて、藤原家隆の次の歌を示したと伝える。

花をのみ待つらん人に山里の雪間の草の春を見せばや

春と言えば華やかな桜しか考えない人に、山里の雪の隙間からわずかにのぞく草が示している春をこそ見せてやりたいという。この光景が美しいのは、その小さな芽が来るべき春を、そしてやがて全山を覆う新緑の光景を予感させるからだ。いったんは全てが死滅した世界に、再び生命が復活し、世界を覆い尽くす。だがこの光景に感動できるためには想像力が必要である。まだ目に見えない春について、おそらくは現実以上に美しい姿を思い描く力が。

定家の歌と家隆の歌は共に表に見える侘しい世界と裏に想像される華麗な世界という二重構造を

持っている。しかし違いはある。定家の歌の場合、表面には何もない。すべての美は想像力によって呼び出される。だが家隆の歌では眼前に「雪間の草」がある。それはまだ花ではないけれども、すでに春の予感を孕んだ新しい生命である。想像しうる全ての春のイメージが、目の前の草に凝縮されている。そう思って見るとき、雪の間からのぞくわずかな草は強烈な力をもって目を打つだろう。それはひょっとしたら、満開の桜よりも深い感動をもたらすかもしれない。

目に見えるものだけが美ではないこと、むしろ想像力によって心中に描かれたものの方がより美しいと考える伝統が、中世以来の日本にあった。それは見える表と想像される裏という二重構造の発見でもあった。だが当初は、二重構造の裏側が全く見えないことと、少しだけ見えることとの区別は明確ではなかった。しかし江戸時代にはこの区別が明確に意識されたことが、『南方録』における家隆の歌の追加からわかる。

一見何もない表面の裂け目に、ふと裏側の一部がのぞいて見えるとき、そしてそこに表とはまったく違う世界があることが示唆されるとき、見る人の興味が刺激され、意識がそこへ集中し、想像力が動き始める。言い換えれば、他者に魅力を訴えようとするとき、一見なんの魅力もない表面の裂け目に、少しだけ美しい裏側の世界をほのめかすという戦術をとれば、見るものの関心を喚起し、つよく注意を引き付けることができる。これは自分の持つ美しいものをできるだけ効果的に訴える戦略として役に立つだろう。

たとえば現在の芸妓の正装（「出の衣裳」）は黒紋付である。帯は金糸銀糸を含むけれども色はない。襟元に覗く半襟も白である。裾に模様はあるけれども、座敷に座ってしまえば上半身は黒と白だけの印象となる。けれども帯の上にわずかに出ている帯揚げが赤い。この強い赤色が礼装のモノトーンとコントラストをなして、ひときわ眼に立つ。さらにときどき袖の口から、また裾の間から赤い色が見えることがある。長襦袢がちらりと覗くのである。このわずかに洩れる赤色によって、正装の芸妓は地味どころか艶に見える。なぜなら、私たちは黒白の着物の裏に、赤い色が示唆するものを想像するからである。

江戸時代になると、美しいもの、価値あるものを隠すこと、あるいは隠しつつ少しだけ見せることを「いき」とみなす美意識が生まれた。木綿の着物の裏地に絹を張り、地味な着物の下に緋縮緬の襦袢を着る。そして翻る裾の裏に一瞬絹が、お銚子を持つ手の袖口から襦袢の赤がちらりと見える。そのとき、表面だけを見ていたときとはまったく別の世界が示唆される。裏に隠された華麗な、あるいは妖艶な世界が。思わず、それに向けて想像力が発動する。さらに関心は、それをあえて隠している行為そのものに向かう。隠された美が「いき」なのではない。それを表にあらわすことを恥じて隠している行為が「いき」なのである。

5　「くずす」と「外す」――不完全の美学

「隠しつつ一部見せる」という方法をさらに一般化して言えば、美しいものを完全な形では見せない、あるいは不完全な形で見せるということである。不完全な外観を完全よりもよしとする美意識の記述としては『徒然草』第八二段が有名である。

「羅（向こうが透けて見えるほど薄い布）の表紙はすぐに破れてしまうのが残念だ」と言う人に対し、頓阿が「羅の表紙は上下がほつれているほうが、螺鈿の軸は貝が落ちてからのほうがいい」と言ったので、よくわかっている人だと思った。何冊かで一セットとなる草紙などの場合、全部が同じ形でないと見苦しいと言う人がいるが、弘融僧都が「全部同じに揃えようとするのは未熟な考えだ。揃っていないからこそよいのだ」と言ったのにも感心した。何事も完全に仕上げるのはよくない。不完全な部分をそのままにしておくほうが面白い。内裏を造るときも必ず仕上げない部分を残すものだと聞いた。

ここには不完全であるための二つの方法が書かれている。一つは初めから完全にしないこと。もう一つは完全なものが不完全に変わるのを待つこと。完全から不完全へ、あるいは目で見てわかる美から想像しなければわからない美への時間的変化にはいくつかの形がある。花が萎れる、金属が錆びる、草木が枯れる、そしてその結果色が変わる、形が崩れる、手触りが滑らかでなくなる。それらは人間の老化と同じで、自然の摂理と時間の経過がもたらすものである。けれども、老人の姿に青年期の面影を見ることができるように、萎れた花にかつての咲き誇っていた姿を想像することができる人なら、かえって味わい深いであろう。

この不完全をよしとする美意識がさらに進むと、完全なものを破壊するに至る。茶人にはこの手の逸話が多い。『南坊録』には、利休が耳付きの花入れの片耳をわざと打ち欠いた話がある。古田織部も疵がない茶碗や茶入れなどをわざと割り、修理のあとがわかるようにして使ったという。近代でも根津嘉一郎が信楽の大壺を打ち割って床の花入れとした話がある。

高価な茶器を破壊する茶人のやり方はいささか過激かもしれないが、完全であることに飽き足らず、あえて不完全にすることは実は珍しくない。小さい例をあげれば、江戸時代に女性の髷を結うときわざと「おくれ毛」を残すことがあったし、いまなお「おくれ毛」はヘアスタイルの技法として利用されている。ファッションの分野でも、寸分の隙もないコーディネートでキメることもできるのに、わざとスーツにスニーカーを取り合わせたりする。完全なものを、あえて不完全にして見せるというこの操作は「くずす」と呼ばれる。

「くずす」という言葉には、完全から不完全へという場合だけでなく、品格をくずすという意味もある。たとえば正座をしている人に「どうぞ膝をくずしてください」とすすめることがある。もちろん儀礼上は正座が正式なのだが、この場ではそんなことにこだわるのはやめましょうという意味である。とすれば「膝をくずす」とは単に居ずまいの格調を下げるだけでなく、場の品格を高いものから低いものへとくずすことである。同じことは言葉にも言える。和歌の中の雅語を俗語で置き換えれば、ただ単語が俗になるだけではなく、その歌の世界の全体が俗に変容し、作品の品位が低下する。つまり、くずれるのである。歌は伝統的な雅語のみで詠むべしとされていた時代に俳諧師はわざと俗語を取り入れたが、それは連歌を雅から俗へとくずすことだった。だから「くずす」には完全から不完全へという操作のほかに、雅から俗へという意味もある。

「くずす」に似た言葉として「外す」というのもある。たとえば気の利いたもの、ちょっと洒落たものにして対して「それは乙だね」などと言うことがあった。これは邦楽用語の「乙」からきている。「乙」は高い「甲《かん》」の音（「甲高い」音）に対して低い音をいい、しんみりした情調の表現に向いているとされる。長調に対する短調の関係に似ているかもしれない。これが転じて、オーソドックスなものに代えて変則のものを使い、案外魅力的であったりすると「乙だ」と言われるようになったらしい。ということは、これは標準的な「甲」との比較の上での評価である。同時にそれは意図的に（つまり無知や偶然ではなく）標準形から外した効果への評価である。ここで注意すべきことは、「乙」であるためには、もとのものより格調高くなったり、高雅になったりしてはいけないことである。「外す」とはただ変則であるだけでなく、「俗」化していなければならない。タキシード姿にスニーカーを履いて映画祭に出るのは「乙」かもしれないが、銭湯へタキシードで行くのは「乙」ではない。とすれば、「外す」という操作は「くずす」の一種なのである。

「やつす」「隠す」「くずす」「外す」、ほかにも「隙をつくる」「ゆるみをつくる」「遊びをつくる」「力を抜く」など完璧を避けようとする言葉がある。これらを一貫する美意識はなんだろうか。格式が求められる儀礼の場では、定められた「雅」の作法を守らなければならない。それは当然のことだ。しかし必ずしもそれが要求されていない場所で、あえて「雅」の美麗や格調をまとってみせるのは恥ずかしいという意識である。それらを嬉々として見せびらかすのは「田舎者」であり「野暮」である。なぜなら、そのようなやり方は「自分をよく見せたい」という欲望と作為とが、他者の目に読まれてしまうからだ。もちろん他者から評価されたいという承認欲求は誰にもある。だから欲望そのものは否定すべきではない。ただ自分の実態以上によくみせかけようとしたり、わざわざ人が気づくように工夫したりするとき、その作為が見苦しいとされてしまう。他人の目には作為が「見え透いて」いるのに、それに気づかない者が「田舎者」とか「野暮」と言われるのである。逆に、必要とあれば完璧な美はいつでも実現できるけれども、あえてそれを隠したり、あいは「力を抜いて」少しくずしたり、外したりして完全性（他人が賞賛せざるをえない美）を避けるのが「いき」な態度なのである。

たとえば美麗な衣裳をこれ見よがしに着る者は、どれほど美しくとも、他人の目には「露骨」とか「べた」と見えてしまう。見る者はうんざりして「くさい」などと言う。この「くさみ」をなくすには、他人をうんざりさせる作為成分を取り除かねばならない。くさい要素をすっかり洗い流した状態を「垢抜けた」という。それはぎりぎりの美麗さを残しながら、「これ見よがし」の要素をすべて排除したものである。つまり「出ず入らず」である。すると「お、いきだね」と言われたりする。「いき」とは単なる美的評価ではなく倫理的評価でもあるというのは、こういう操作が評価の対象となっているからである。

6 「いき」と「婀娜《あだ》」——美女の基準

最後に女性が「いき」と呼ばれるケースをみよう。美女のイメージは古今東西絵画化されてきた。江戸時代なら浮世絵がある。それは想像された理想の女性であったり、評判の小町娘や吉原の太夫だったりする。実在するモデルを描くときも、絵師はその姿を美化して理想に近づけようとする。江戸中期の春信（一八世紀前半）や歌麿（一八世紀後半）の美人画をみると、それぞれが完璧な理想を描こうとしているのがわかる。だからモデルが違っても顔は似てくるし、髪型は優雅な曲線を描いて寸分の乱れもない。

図1「当世の美女」（『守貞謾稿』）

『守貞謾稿』に「当世の美女」という図がある（図1）。著者喜多川守貞は昔の絵に描かれた美女が今では美女とは思えないところから、「美女」の基準は時代によって変わると考えた。そして「当世」つまり幕末の「真の美女」がどんなものかを後世に遺そうと、当時の浮世絵の中からこれぞ美人という絵を選んで模写したのである。「今の世にこれを美人ではないと言う者がいるだろうか」とか「この絵は今の時代では絶世の美貌である」と評しているから、選択にはよほど自信があったようだ。その顔は面長で吊り眼という、国芳など幕末の浮世絵によく見られるタイプである。守貞は国芳を「今どきの風貌容姿をみごとに描写している」と称賛しているから、原画は国芳かもしれない。

この絵の特徴は髪の毛がほつれていることである。前髪がぼさぼさになっている。耳のあたりからも前へ何本も垂れている。髪が乱れているのだ。このようなことは春信の美人画には見られない。歌麿になると日常生活感を出すためか（典型的には湯上がりなど）ときどきおくれ毛が描かれているが、せいぜい数本であって、大量のほつれ毛ではない。国芳にはよく鬢のほつれ毛が見られるが、前髪は珍しい。その理由はすぐにわかる。守貞は絵の横に「洗い髪の兵庫結び」と注記している。もともと髪をきちんと結っていないのだ。

当時の髪は鬢付け油というべとべとした油で形を固定した。髪を洗ったときは、ひとまず乾かしたあと、「仮結い」といって油をつけないまま髪を結った。油がないから完璧な整形はできない。とりあえず髪をまとめて簪《かんざし》一本でとめただけの髪形になる。「竪《たて》兵庫」もその一つである。ところが次第に江戸後期ではこれが「仮」の髪形ではなくなる。わざと洗い髪のまま、無造作に髪をまとめただけの髪形で過ごす者が増えてくるのだ。これは一種の「くずし」である。洗い髪にさんご玉の簪を一本挿しただけの「当世の美女」はその好例である。美女の理想像を選ぶときに守貞は完璧な髪型よりもほつれ毛の多い洗い髪を選んだ。時代の好みは変わったのだ。

髪は洗い髪、着物は格子縞に黒襟というこの「当世の美女」は何者なのか。守貞の判定では「中民以下の女」であり、「俗に中年増という二十以上の女」であるという。そして眉があるから二十代であろうと見る。守貞によれば、現実には二十代の女性はたいてい眉を剃るが、忠実に絵にすると三、四十代と区別がつかない。そこで三十以下なら絵では眉を描くのだという。

この「当世の美女」は公家でも武家でもなく、富裕な町人でもなく、江戸の下町あたりの庶民である。また十代のうぶな娘でもなく、三十歳を超えた大年増でもない。女盛りの二十代である。それが洗い髪を無造作に結い上げ、庶民のふだん着である格子縞に黒襟の着物を着て、襟元には柄物の襦袢がのぞいている。なお絵では化粧がわからないが、たぶん素顔だったろう。というのも守貞はこのあとのくだりで「この頃の江戸の化粧は、ふだんは素顔が多い。式日やよそへ行くときでも薄化粧が多く、口紅も桃花色にする」と言っているからだ。もはや江戸中期の濃い化粧で華やかな美を追求する時代は終わっていたのだ。

そして守貞はこの「当世の美女」についてこう述べる。

このような風俗および顔だちをした女を俗に「婀娜な女」という。「あだもの」という。また「意気な女」とする。「いきなあねさん」という。

「当世の美女」の正体は「婀娜な女」であり「いきなあねさん」である。「婀娜」は現代なら「セクシー」が一番近いだろう。つまり「媚態」を男の側から見たときの印象である。ただし「婀娜」と「媚態」とではニュアンスがいささか違う。「媚態」はわざと男を誘惑しようという意識的な行為である。だから肌を露出するとか、甘えてみせるとか、しなをつくるなどの露骨な戦術を思い浮かべる。けれども「婀娜」は露骨ではない。甘えることはなく、官能的な外見もとらない。むしろ表面から誘惑的な要素を排除しながら、かえって男の目はそこになまめかしさを見出す。それは隠しつつ見せるという、あの「いき」と同じしかけである。

ただし注意しなければならないことがある。無造作に見えることと無造作であることは同じではない。年増の女性が適当に洗い髪を結い、適当に安物の着物を着ているだけではけっして「婀娜」にはならない。髪型も着物も、そして立ち居振る舞いや言葉づかいも、上品でもなく下品でもない「出ず入らず」でなければならない。だから守貞は「婀娜」について別の所でこう言っている。

現代、江戸の女性の卑ではあっても野ではない者を「婀娜」といい、これの反対を「不意気」あるいは「野暮」、京大坂では「不粋」という。

「婀娜」の反対は「不意気」とか「野暮」だという。つまり「婀娜」とは「いき」の一種なのだ。では「卑ではあっても野ではない」とはどういうことか。「卑」とは身分の卑しいことだから、江戸においては町人階級、それも中流以下の庶民と考えてよい。「野」とは野蛮とか粗野とか、要するに文明以前の自然状態のことだから、社会人としての教育とか文化的洗練などをもたないことと言ってよい。つまり幕末の江戸では、表面は下層の庶民ながらその裏に人間的成熟や文化的洗練を感じさせる女性を「婀娜」と呼んだというのである。また「卑」が「婀娜」の条件だとすれば、「婀娜」は町人専用の評価ということになる。身分が高貴で「野」でないものは、「雅」にはなれても「婀娜」にはなれないからだ。

こうして「当世の美女」の、そして「いきな女」の条件とは、完璧な美を追求していないこと（崩し）、庶民であること（俗・卑）、けれども成熟し洗練されていること（婀娜）などということになる。

表と裏の二重構造をもつ「いき」は、上流階級（公家や武士）のものではなく、ただ庶民だけが手に入れることのできる価値だったのである。なぜなら格式を重んずる身分に属する者には、表面的に卑俗に見えてはならないという規範がある。つまり表が卑俗で裏が高雅という手法が使えない。そして表が高雅で裏が卑俗なら、これは「田舎者」とか「野暮」でしかない。だから「いき」の登場は画期的だったのだ。

古代から江戸時代まで、日本の文化的評価軸の基本は「雅俗」だった。それはエリートの文化としての「雅」と庶民の文化である「俗」を対比するものだった。その対比は綿々と千年以上続いてきたのである。だが、江戸時代になって、ついに本来「俗」である階級のための美学的生活規範が生まれた。それが「いき」である。「いき」は公的には下層階級である町人たちの文化規範であった。そして「雅」の代わりに「いき」を、「俗」の代わりに「野暮」を置いたとき、「雅／俗」に代わる文化的価値基準として「いき／野暮」が江戸に登場したのである。

7　美の革命——「雅」から「いき」へ

「いき」という美意識の登場が革命的だった理由は三つある。第一に「俗」を肯定的に捉えていること。それどころか「俗」は「雅」を包み込むものとして、むしろ「雅」を存立させるベースとみなされている。第二に表と裏、形式と実質などの二重構造をもつこと。しかも想像された裏側が表面の現実に勝るとされたこと。第三に「いき」の成立には他人の目が必要であること。これは九鬼周造の言う「二元性」にあたる。以下これについてもう少し詳しく述べよう。

第一の雅俗の逆転について。もともと「雅」は権力に対立する文化的パワーであった。権力の源泉が政治・軍事・経済であったとすれば、「雅」の源泉は教養の蓄積や感性の錬磨である。そのような「雅」の力がもっとも発揮されたのは遊び、とりわけ人々が集う遊宴の場であった。だが文化的修練は有閑階級でなければできないし、その成果を盛大に発揮するには金がかかるから、古代では「雅」は宮廷文化の特性とされ、支配階級たる貴族だけのものであった。中世になると武士が階級上昇を果たして、「雅」は公家と武家のものとなった。しかし江戸時代には町人があらたな富裕階級として登場し、遊芸の師について公家や武士同様の教養を身につけることができた。すなわち和歌を詠み、茶会を催し、謡曲を謡い、楽器を奏し、まるでかつての貴族のように遊ぶことができた。そして遊廓では、大名以上にもてることさえできた。「雅」は町人の手の届くところまで降りてきたのである。しかも「風流」が精神の問題とされたとき、貧しい町人さえ花見や雪見などの「風雅」な行為をすれば「雅人」になることができた。

ここまでくると、もはや「雅」は特権的なものではなくなる。そしてついに「雅」の精神を内に保ちながら、「俗」の世界で生きることを「いき」として評価する価値観が登場したのである。外見は「俗」だが内面は「雅」。これは町人にしかできないことだった。なぜなら、格式に縛られた公家や武士にとって「俗」に落ちないことは生活の規範であり、それを「くずす」ことは許されなかったからだ(「被髪白衣」が死罪の理由にさえなった)。彼らが遊びの場で「いき」であることはできたけれども、それはあえて「俗」の模倣をすることだから、望ましいものとはされなかった。もし武家の妻や娘が「婀娜なあねさん」などと呼ばれたら、それはほめ言葉にはならないのだ。「いき」はただ、もともと「俗」である町人にとって選択可能な生き方だったのである。じっさい「いき」を誇る町人は、「雅」の形式を固守する武士を「野暮」と見下したのである。

第二に表は「俗」で裏は「雅」といった二重構造について。それは一面の霧の向こうに隠された紅葉(鴨長明)とか、雲に覆われた月(兼好)とか、浜辺の侘び住まいに対比される記憶の中の「花紅葉」(定家)とか、待ちかねた春を示唆する「雪間の草」(家隆)などの伝統を踏まえている。人は隠れたものにこそ強い関心を向け、想像の中の光景は実際以上に美化される傾向がある。そこで美しいものを「隠す」という戦略が生まれる。長明のいう「幽玄」である。これは江戸時代になると、世間で評価の低いものをわざと表に見せ、裏側に価値あるものをほのめかすという手法となる。「表は木綿で裏は絹」というやり方である。さらにこれは「やつす」「くずす」「外す」などの方法を生んだ。見る側にはただ目に見えるものの美醜を判断する美意識だけでなく、見えない裏を思いやる想像力が必要となった。しかも、誰にも見える表よりも想像された裏にこそ本質があるとされた。この裏側の美を読み取ることは、長明が既に指摘したように、子供にはできないし、鈍感な者にもできない。優美や華麗は誰の目にもわかるけれども、「いき」は感性を磨いた人にしかわからないのである。

第三に他者の目への依存について。華美とか上品などは、物それ自体、人それ自体の特性である。けれどもそれ自体「いき」な物や人があるわけではない。ある物を身につけることが、ある人の振る舞いが、他者の目に「いき」と見えるだけである。つまり他人の目の中でのみ、人は「いき」な男ないし女という評価を得ることができる。九鬼周造のいう「二元性」である。遊廓や花柳界に発した「いき」は、当初異性を惹きつける力への評価だった。「いき」の語は、媚態が成功して異性の心を動かしたこと（「好いた」と言われること）を意味した。けれど露骨な誘惑は「意気張り」に欠けるから「いき」とは呼ばれない。「媚態」を隠しつつ、なお誘惑の力を持つとき、はじめて「いき」と呼ばれたのである。そこには露骨な「好色」を避けたいという羞恥心が働いている。そしてこれは「恥」を避けようとする日本の文化と結びつく。「いき」の意味は拡大し、美意識に適用される。自分の美意識が高いとか他人を思いやる心があるなどの美徳を誇示していると見えるのは恥ずかしい。だから隠さねばならない。そして他者の眼が隠されたものに気がついて、裏にあったものを評価するのみならず、それを隠したこと自体を「いき」と評価してくれるのを待つのだ。自分にできることは、「いき」になることではない。「誰かが『いき』を見いだしてくれそうな二重構造をもった振る舞い」をすることである。

これらを集約した事例として守貞の「当世の美女」を見よう。洗い髪は髷が無造作で顔に化粧気のないことを示している。格子縞の着物に黒の半衿は庶民のふだん着であることを示している。ただ衿の内側に襦袢の模様が少し見える。ここに艶っぽさが隠されていることがわかる。問題は縞模様である。九鬼周造は縞を「いき」であるとしたけれども、すべての縞が「いき」なわけではない。縞の幅と色合いによって、その印象がまったく違うからだ。渋い色で縞目が細かいものは地味だが上品にできる。強い色や太い縞だと丹前縞のように派手だが下品になりやすい。その中間に地味でも派手でもなく、上品でも下品でもないもの、つまり「出ず入らず」がある。「当世の美女」の縞は、黒白の素描なので色がわからないが、おそらく絶妙な「出ず入らず」なのであろう。その気になれば派手にも上品にもできるのに、あえて抑制しているのがわかる。それが「いきなあねさん」というものだった。

「雅」をあらわす日本語の「みやび」は当初漢字で「風流」と表記された。そして長く「風流」は日本の生活美学における中心的な言葉として採用された。「風流」の意味は中国でも多様だが、日本ではまず社交上の美学として登場した。とりわけ男女の関係において、優雅に振る舞うことである。たとえば遊宴の場で歌を詠み、恋愛の演技をするなど。やがて貴族社会において生活のあらゆる場面で優雅であることを期待されると、恋愛だけでなく、花見などのイベントでも古典を引用し、機知を競い、後世に残る風雅な逸話を作ることを目指した。また「風流」の意味が日本で変質して豪奢であることを意味するようになると、中世には「婆娑羅」が「風流」の一形態とされた。さらに中国が「風流」に仙人や隠者にみられる自然愛好という意味をこめたことから、日本でも茶の湯などで隠者的風流が流行した。江戸時代にはこの二つの意味、すなわち遊びとしての男女の社交を優雅にこなせる風流と、好色を排し自然に遊ぶ風流とが並立する。前者は浮世の風流であり、後者は隠者の風流である。浮世の生活の美学は遊びとしての疑似恋愛だけでなく、日常の髪型、着物、持ち物を含め、あらゆる方面で洗練を求めた。そして社交面で「通」であることと、生活の細部で美麗であることの追求が極点に達したとき、江戸の町人の間でこれを隠すという逆転がおこる。「いき」の美学の発明である。これが起こったのは、欲望の露出を「恥」とする「張り」の文化伝統と、「雅」の真似はできても本質的に「雅」であることを許されない町人という身分制度のためである（たとえば奢侈禁止令によって町人は高価な衣装を身につけることができなかった）。江戸の町人は、日本で千年以上にわたって生活美学の原理であった「雅・俗」に代えて、「いき・野暮」という新しい原理を提案したのである。

古代の「雅」がもっぱら上流階級のものであったように、「いき」は都市生活者のものであった。

「田舎者」という言葉はほとんど「野暮」と同義だった。言い換えれば、古代における下層民も江戸時代の田舎者も無教養の野生人とみなされており、貴族や都市住民こそが美学的な生活の訓練を受けた文明人であるとみなされたのである。もちろん実際には地方にも風流娘子はおり、江戸にも野暮な者はいる。けれども「野暮と化け物は箱根から先」という言葉は江戸っ子の誇りをよく示しているだろう。それは京都の伝統とは異なる価値規範を自ら打ち立てたという宣言であったのだから。

参考文献

麻生磯次「通・いき」、折口信夫他編『日本文学講座Ⅶ　日本文学の美的理念・文学評論史』河出書房、一九五二

犬飼隆『木簡から探る和歌の起源―「難波津の歌」がうたわれ書かれた時代』笠間書院、二〇〇八

池上英子『美と礼節の絆―日本における交際文化の政治的起源』NTT出版、二〇〇五

池田弥三郎・山本健吉『万葉百歌』中公新書、一九六三

石川淳「江戸人の発想法について」『文学大概』中央公論社、一九四七

伊藤博『万葉集釈注　巻第一』、集英社、一九九五

揖斐高『江戸の文人サロン―知識人と芸術家たち』吉川弘文館、二〇〇九

植木朝子『風雅と官能の室町歌謡―五感で読む閑吟集』角川学芸出版、二〇一三

宇野直人「柳永における宋玉の意味」『中国詩文論叢　第三集』、中国詩文研究会、一九八四

岡崎義恵『日本藝術思潮　第二巻』上・下、岩波書店、一九四七〜四八

大江匡房「続本朝往生伝」『日本思想大系七　往生伝・法華験記』岩波書店、一九七八

大岡信『うたげと孤心―大和歌篇』集英社、一九七八

岡倉天心『茶の本』村岡博訳、岩波文庫、一九二九

小川後楽『茶の文化史　喫茶趣味の流れ』文一総合出版、一九八〇

沖本幸子『今様の時代―変容する宮廷芸能』東京大学出版会、二〇〇六

奥田勲『連歌師　その行動と文学』（日本人の行動と思想41）評論社、一九七六

朧谷寿『王朝と貴族』（集英社版日本の歴史6）集英社、一九九一

沢瀉久孝『万葉集注釈　巻第一』、中央公論社、一九五七

折口信夫「日本文学の発生―その基礎論」『折口信夫全集　第七巻』、中央公論社、一九五五

折口信夫「額田女王」『折口信夫全集　第九巻』中央公論社、一九五五

梶川信行『初期万葉論』（上代文学会研究叢書）笠間書

院、二〇〇七
金沢康隆『江戸結髪史』青蛙房、一九六一
河原宏『「江戸」の精神史　美と志の心身関係』ぺりかん社、一九九二
喜田川守貞『近世風俗志（守貞謾稿）』全五巻、宇佐美英機校訂、岩波書店、一九九六〜二〇〇二
木藤才蔵『連歌史論考』増補改訂版、明治書院、一九九三
九鬼周造『「いき」の構造』岩波書店、一九三〇
熊倉功夫編『日本の近世11―伝統芸能の展開』、中央公論社、一九九三
熊倉功夫『南坊録を読む』淡交社、一九八三
熊倉功夫『近代数寄者の茶の湯』河原書店、一九九七
神野志隆光、坂本信幸企画編集『万葉の歌人と作品第四巻―大伴旅人・山上憶良』和泉書院、二〇〇〇
小島康敬編『「礼楽」文化―東アジアの教養』ぺりかん社、二〇一三
小西甚一『中世の文藝―「道」という理念』講談社学術文庫、一九九七
小西甚一『日本文藝史』全五巻、講談社、一九八五〜九二
小西甚一『日本文学史』講談社学術文庫、一九九三
小西甚一「風流と『みやび』―琴・詩・酒・妓の世界―」国文学二七―一四、一九八二年一〇月
小松田良平『粋の世界―清元名曲考』勉誠社、一九八六
五味文彦『「枕草子」の歴史学』朝日新聞出版、二〇一四
近藤信義『万葉遊宴』（古代文学研究叢書８）若草書房、二〇〇三
斎藤茂吉『万葉秀歌』岩波新書、一九六八
相良亨他編『講座日本思想５　美』東京大学出版会、一九八四
上代文学会編『万葉の歌と環境』笠間書院、一九九六
徐　静波「中国におけるお茶文化の展開とその日本への初期伝来」『京都大学生涯教育学・図書館情報学研究』、二〇一一
新版色道大鏡刊行会編『新版色道大鏡』（藤本箕山著）八木書店、二〇〇六
末松剛『平安宮廷の儀礼文化』吉川弘文館、二〇一〇
杉本紀子「異国遍歴譚としての『金平異国遶』―安永末期の市民の異国観」『研究紀要／東京学芸大学附属

高等学校大泉校舎』、一九九八
鈴木淳『江戸のみやび　当世謳歌と古代憧憬』岩波書店、二〇一〇
諏訪春雄・日野龍夫編『江戸文学と中国』毎日新聞社、一九七七
関光三『〝いき〟の源流―江戸音曲における〝いき〟の研究』六興出版、一九八五
煎茶文化研究会編『煎茶の世界―しつらいと文化』雄山閣、一九九九
千宗員『近世前期における茶の湯の研究』川原書店、二〇一三
高木市之助『大伴旅人・山上憶良』筑摩書房、一九七二
高橋雅夫編『守貞謾稿図版集成』雄山閣、二〇〇二
高松寿夫『上代和歌史の研究』（新典社研究叢書　一八三）新典社、二〇〇七
竹内誠編『日本の近世14―文化の大衆化』中央公論社、一九九三
多田一臣『額田王論　万葉論集』（古代文学研究叢六）若草書房、二〇〇一
辰巳正明『万葉集と中国文学　第二巻』、笠間書院、一九九三
辰巳正明『万葉集と比較詩学』おうふう、一九九七
田中久文『日本美を哲学する―あはれ・幽玄・さび・いき』青土社、二〇一三
田中秀隆『近代茶道の歴史社会学』思文閣出版、二〇〇七
田中優子『江戸の想像力―一八世紀のメディアと表徴』筑摩書房、一九八六
棚橋正博『江戸の道楽』講談社、一九九九
田邊幸雄『初期万葉の世界』塙書房、一九五七
張鷟（文成）「遊仙窟」『幽明録・遊仙窟』前野直彬他訳、東洋文庫、平凡社、一九六五
陳羿秀「江戸前期と明末清初における遊廓文化について」『「対話と深化」の次世代女性リーダーの育成「魅力ある大学院教育」イニシアティブVol.平成18年度活動報告書　シンポジウム編』、お茶の水女子大学、二〇〇七
土屋文明『万葉集私注　第一巻』筑摩書房、一九四九
寺門静軒『江戸繁昌記』（東洋文庫）全三巻、平凡社、一九

七四〜七六
内藤耻叟『徳川十五代史』人物往来社、一九六五〜六六
中西進『うたう天皇』白水社、二〇一一
中西進『狂の精神史』講談社、一九七八
中野三敏『江戸文化評判記　雅俗融和の世界』中央公論社、一九九二
中野三敏『十八世紀の江戸文芸　雅と俗の成熟』岩波書店、一九九九
中野三敏「すい・つう・いき」『講座日本思想第五巻』東京大学出版会、一九八四
中村真一郎『色好みの構造』岩波新書、一九八五
中村真一郎『木村蒹葭堂のサロン』新潮社、二〇〇〇
楢林忠男（小川後楽）『煎茶の世界』徳間書店、一九七一
西山松之助『江戸学入門』筑摩書房、一九八一
西山松之助編『江戸町人の研究』第三巻、吉川弘文館、一九七二
西山松之助『江戸ッ子』吉川弘文館、二〇〇六
野口武彦『江戸文学の詩と真実』中央公論社、一九七一
野間光辰校注『近世色道論』岩波書店、一九七六
芳賀登編『江戸のあそび』（町人文化百科論集1）柏書房、一九八一
萩谷朴校注『枕草子　上』（新潮日本古典集成11）、新潮社、一九七七
橋本澄子『日本の髪形と髪飾りの歴史』源流社、一九九八
林屋辰三郎『日本芸能史論第二巻　「数寄」の美』淡交社、一九八六
林屋辰三郎編『化政文化の研究』岩波書店、一九七六
林屋辰三郎他編『日本の茶書Ⅰ』東洋文庫、平凡社、一九七一
原田伴彦編『茶道文化史』（原田伴彦著作集3）思文閣出版、一九八一
伴信友「長等の山風」『伴信友全集第四巻』国書刊行会、一九〇七
ルース・ベネディクト『菊と刀―日本文化の型』長谷川松治訳、社会思想研究会出版部、一九四八
堀切実・田中善信・佐藤勝明編『諸注評釈　新芭蕉俳句大成』明治書院、二〇一四
前田勉『江戸後期の思想空間』ぺりかん社、二〇〇九

増川宏一『遊芸師の誕生―碁打ち・将棋指しの中世史』平凡社、一九八七
増田美子編『日本服飾史』東京堂出版、二〇一三
松岡正剛『千夜千冊』第四〇六夜、求龍堂、二〇〇六
身崎寿『額田王―万葉歌人の誕生』塙書房、一九九八
向井毬夫『額田王の実像―紫のにほへる妹』集英社、一九九七
村井康彦編『平安京にうたう貴族の春―平安時代』旺文社、一九八一
村山修一『藤原定家』吉川弘文館、一九六二
本居宣長「玉勝間」『本居宣長全集第一巻』筑摩書房、一九六八
大和岩雄『遊女と天皇』白水社、一九九三
横田冬彦編『芸能・文化の世界』吉川弘文館、二〇〇〇
横倉長恒「赤人と自然」古橋信孝他編『古代文学講座二　自然と技術』勉誠社、一九九三
Morris, Ivan, *The World of the Shining Prince,* Vintage Books, New York, 1964（アイヴァン・モリス『光源氏の世界』斎藤明夫訳、筑摩書房、一九六九）

本書は日本に「風流」という言葉が中国から輸入されたばかりの時代から、「いき」が発明される江戸末期までの、生活上の「美学」を調べたものである。このような「美学」が生まれたのは、人間が文明化することを望んだからである。

文明とは野蛮の反対である。そして自己の功利のみを基準として生きる者を野蛮人とみなすとき、これと最も遠いものとして倫理と美（そして信仰）を基準にする生き方が発明される。ただ倫理的判断は、人間として何が正しいかという普遍的基準にてらして、理性的思考を経て結論される。これに対し美的判断は、感性的な直感による。正確に言えば、判断する以前に、私たちは他人の行為や物の外見を見たとき、ほとんど反射的に、つまり思考を経ない身体反応のように、それが「きれい」か「きたない」かを感じてしまう。まるで痛みやかゆみを感じるように。このためか、美的判断に従う生き方はこれまでまじめに研究されてこなかった。正しく生きるためには、感情に従うのは危険であり、理性的に判断しなければならない。感性の喜びを重視する生き方を選ぶことは、合理性とか善悪とかを基準にすることに比べて、愚かであるとみなされてきたのだ。

これにはっきりと異議を唱えたのは本居宣長である。桜の木を切って薪にすれば役に立つのに、人はただ花を見るために桜を植える。宣長はここに人間の本性をみる。人は実用性や善悪だけを基準として生きるわけではない。美もまた重要な基準の一つなのだというわけだ。生活の環境から衣服や道具まで、私たちは選択に美的基準をもちだす。また生き方のスタイルについても、善悪だけでなく美を基準に「きれい」とか「きたない」とか言う。たとえ善行であっても、やり方が「きたない」と思えば嫌悪する。よいか悪いかはともかく、これが私たちの現実である。この生活上の基準を現代日本ではしばしば「美学」と呼ぶ習慣がある。本書はこの生活の（あるいは人生の）「美学」を過去の日本に探してみようという試みである。

ところでアカデミックな研究者からみれば、本書は美学研究書ではないかもしれない。西洋で生まれた学問としての「美学」は主として芸術を研究し、生活用品のデザインなどまともに扱わない。まして生活のスタイルは眼中にない。だから西洋の学問を無条件で輸入していたころ、書や茶道を研究したい日本の美学者は、まず書も芸術だ茶碗も芸術だと主張して、それらを西洋的な意味での「芸術」に格上げするという準備作業が必要だった。けれども「芸術」という概念自体に疑問符がついている今日、そんな古くさいことはもうしなくてもいいだろう。

現代の美学者がなすべきは、私たちがじっさいに必要としている美学の研究である。そして現代の日本人が生活や人生の美的基準について「美学」という言葉を使っているのは、それが必要であるからだろう。「風流」と「いき」はその一部かもしれないが、日本の歴史の中では代表的なものと言っていい。だから本書は過去の日本人が日々の生活において、また人生において、ほんとうは何に価値を見出してきたかの研究でもある。

最後に、今回の研究にさいして昭和会館から研究助成金をいただけたことにお礼申し上げたい。また刊行にあたって学習院女子大学の研究成果刊行助成金をいただけたことにも謝意を申し述べたい。今年度で退職する私にはありがたい餞別となった。そして出版にこぎつけることができたのは、前回の『近代詩の誕生』につづき、大修館書店の正木千恵さんのおかげである。さらに木下洋美さんの綿密な校正がなければ、本書は欠陥品であった。お二人にはあらためて感謝の意を表したい。

著者

二〇一六年十一月

［著者紹介］

尼ヶ崎彬（あまがさき　あきら）

1947年愛媛県生まれ。東京大学大学院人文科学研究科修士課程修了（美学芸術学専攻）。

東京大学助手、学習院女子短期大学助教授・同教授を経て、学習院女子大学教授。美学、舞踊学。

著書に、『花鳥の使』（勁草書房、1983年）、『日本のレトリック』（筑摩書房、1988年）、『ことばと身体』（勁草書房、1990年）、『縁の美学』（勁草書房、1995年）、『ダンス・クリティーク』（勁草書房、2004年）、『近代詩の誕生』（大修館書店、2011年）など。

いきと風流《ふうりゅう》――日本人《にほんじん》の生《い》き方《かた》と生活《せいかつ》の美学《びがく》

NDC 380/vi, 279p/19cm

初版第1刷――2017年2月1日
第2刷――2017年3月30日

著者――尼《あま》ヶ《が》崎《さき》彬《あきら》
発行者――鈴木一行
発行所――株式会社 大修館書店
〒113-8541 東京都文京区湯島2-1-1
電話 03-3868-2651（販売部） 03-3868-2290（編集部）
振替 00190-7-40504
［出版情報］ http://www.taishukan.co.jp

装丁・本文デザイン――井之上聖子
印刷所――精興社
製本所――難波製本

ISBN978-4-469-22259-3　Printed in Japan